10.01.

BEKOMMEN ZUM GEBURTSTAG
VON HARIBUT
TIERARZT

SOLLTE
NICHT VERSTAUBEN
VIEL FREUDE BEIM LESEN
LIEBE GRÜßE
SCARLETT
2012

Mein frühes Leben

Für meine Kinder

Lenard und Ingmar

Hartmut Eger

Mein frühes Leben

Bibliografische Information der Deutschen Bibliothek:
Die Deutsche Bibliothek verzeichnet diese Publikation in der Deutschen Nationalbibliografie;
detaillierte Daten sind im Internet über
<http://dnb.ddb.de> abrufbar.

© 2006 Hartmut Eger
Herstellung und Verlag: Books on Demand GmbH, Norderstedt
ISBN 3-8334-4620-X

Erstes Buch: Im Harz

Ich wurde zu einer Zeit im Harz geboren, als es noch keine Autos, Heizungen, Fernseher, Lakritzschnecken und auch kein Toilettenpapier gab, sprich, es muß eigentlich eine völlig unerträgliche Zeit gewesen sein.

Aber halt: es gab auch viele spannende Dinge zu erleben, die uns heute kaum noch widerfahren werden.

So schenket mir denn Eure Aufmerksamkeit, geneigte Leser, und staunet über die merkwürdigen und lehrreichen Begebenheiten meines Lebens. Doch nicht nur einen Bericht über die vielleicht interessanteste Zeit meines Lebens hältst Du, lieber Leser, in Deinen Händen. Nein, es ist auch ein Buch über das größten Geheimnis des Papsttums, das, für viele Jahrhunderte im Nebel der Geschichte verborgen, von mir nun enthüllt werden wird.

Wie schon erwähnt, ich wurde im Harz geboren, wuchs heran, und als die Zeit nahte, daß meine Eltern keine Lust mehr hatten, mich zu ernähren, mußte ich mich nach einer Arbeit umsehen.

Automechaniker, Heizungsbauer, Fernsehtechniker, Toilettenpapierfabrikant wär ja alles ganz schön gewesen, gab's aber nicht. Als Bauer ein ärmliches Leben fristen wie meine Eltern und sich tagein tagaus mit der mühsamen Pflege der Joghurtsträucher und Joghurtbäumchen abzuplagen -- ja liebe Leser, damals konnte man nicht in den Supermarkt um die Ecke gehen und ein paar Becher Joghurt kaufen. Der Joghurt mußte liebevoll gezogen werden, vom kleinen Steckling bis zur ersten richtig guten Joghurternte mochte so manches Jahr ins Land gehen, und in schlechten Jahren mußte ein kleines Fäßchen Joghurt den ganzen langen Winter die Familie ernähren. Und gerade auch in jenen Zeiten, wenn sich die Familie um ein mickriges Feuerchen aus Mäusedung versammelt hatte, um den harten Winter zu beklagen und ein Tellerchen mit altem Fensterkitt als Mittagmahl herumgereicht wurde, sollte mein Entschluß weiter reifen, der Landwirtschaft den Rücken zu kehren. Zum Segen wächst der Joghurt heutzutage nicht mehr auf Bäumen, da hat man's in unseren Tagen doch gleich viel leichter -- als Bergmann auf allen Vieren in niedrigen, verräucherten Stollen herumkriechen um die Schatulle von Dogobert dem Einzigartigen zu füllen und seine diversen Ausschweifungen zu finanzieren oder gar bei irgendeinem geistig instabilen Fürsten das Klo putzen, nein, das wäre es alles nicht gewesen.

So geschah es denn, daß ich auf einer meiner Wanderungen durch den Harz, ich war gerade dran mit Kräuterdienst, auf eine einsame Lichtung trat, ein herrliches Fleckchen Erde, das mich einlud, eine Pause zu machen. Das Sonnenlicht fiel durch die Bäume, es war angenehm warm, die Vögelein zwitscherten und die Bächlein murmelten, kurzum es war ein Maitag wie aus dem Bilderbuch.

Ich legte mich auf die Wiese, holte mein Stück trocken Brot, das mir Mutter mitgegeben hatte, hervor und begann zu essen. Und obwohl dies einer der schönsten Flecken auf Gottes weiter Erde sein mußte, so hatte ich doch ein unbehagliches Gefühl, ein leiser, kalter Schauer erfaßte meine Rücken. Irgendwo zwischen den undurchdringlichen Bäumen lauerte eine Gefahr, kleine Zweige knackten im Unterholz, Blätter raschelten. Ich sprang auf, griff zu meinem Wanderstab und wollte mich eben hinter einem Baum verstecken, als sich der Blättervorhang hob und auf die Lichtung trat ..... ein altes, gebeugtes Männlein, es hatte keine Haare mehr auf dem Kopf, Runzeln im Gesicht so tief wie Gebirgsbäche, die grauen Augen verwaschen, es war in einen alten Lederumhang gehüllt, der schon so manches Jahr gesehen hatte.

Obwohl unter dem Umhang eine große Axt am Gürtel sichtbar wurde, so verflog doch meine Angst, ich blieb stehen und wartete, daß das Männlein auf mich zukäme. Ich wünschte einen guten Tag und fragte, was ihn denn wohl hierher geführt hätte, so mitten in den Wald fern jeder Siedlung und jeden Weges.

Er sagte: „Siehe, mein Sohn, ich bin alt und gebrechlich. Ich war viele Jahre in Diensten einer Besenbinderei am Brocken und möchte mein müdes Haupt nun zur Ruhe betten. So hat mir mein Meister aufgetragen, auf dem Weg in mein Heimatdorf Ausschau zu halten nach einem jungen, kräftigen Mann, der wohl Lust hätte, in seine Dienste zu treten."

"Ja nun", entgegnete ich," was für eine glücklich Fügung. Den Eltern falle ich schon zur Last und den richtigen Beruf habe ich noch nicht gefunden. Doch sagt, wie ist der Lohn und gibt es auch mal etwas anders zu essen als trocken Brot und Joghurt?"

"Oh ja, mein Sohn, die Besenherstellung auf dem Brocken ist ein hoch angesehener Beruf, und es winkt ein großer Lohn!" Bei diesen Worten hob er den Beutel an seinem Gürtel und schüttelte ihn, man konnte die Goldmünzen förmlich hin- und herhüpfen hören."Auch eine Kammer unter dem Dach hast du für dich allein, und die Meisterin kocht und backt, daß es eine reine Freude ist." Dabei rieb er sich den Bauch und Speichel tropfte ihm aus den Mundwinkeln.

So palaverten wir noch eine Weile über dies und das, aber er ließ sich kein weiteres Wort zu seiner Arbeit oder seinem Dienstherren entlocken. Ich ließ mir den Weg erklären, es sollte ein Marsch von 2 Tagen werden, und brach auf. Ich konnte mir den Laden ja wenigstens mal anschauen, vielleicht hatte ich Glück und fand genau die Beschäftigung, die mir zusagte.

Ich grüßte den Alten ein letztes Mal vom Waldesrand und guckte nun nicht mehr in das alte, freundlich gefurchte Gesicht, sondern in eine grausig verzerrte Fratze. Der Alte wandte sich sofort ab und verschwand im Dickicht.

Ich meinte, meine Augen wären einer Täuschung aufgesessen und dachte nicht länger darüber nach. Ich wollte noch ein gutes Stück des Weges hinter mich bringen und sputete mich, sodaß ich am Abend das Tal der Oker erreichte, wo ich mich am Ufer niederließ, um zur Nacht zu ruhen.

Ich hatte am nächsten Tag einen langen Fußmarsch vor mir, so war ich froh, daß ich schnell in einen tiefen, erfrischenden Schlaf fiel und am nächsten Morgen voll neuer Kraft erwachte. Der Aufstieg zum Brocken war schon ein hartes Stück Arbeit, ich traf einen Bären, drei Wildschweine, ein völlig in Grün gekleidetes Männchen mit Flitzbogen, daß sich Robin

Hut nannte -- vermutlich wegen seiner quietschgrünen, überdimensionalen Kopfbedeckung -- und einen Elefanten mit rosa Ohren und Schleifchen im Haar......aber das ist eine andere Geschichte.

Am späten Nachmittag sah ich in der Ferne eine dünne Rauchfahne aus dem Wald aufsteigen, kurz darauf Spuren von Holzeinschlag, und als die Sonne gerade den Horizont berührte, trat ich auf eine große Lichtung, in deren Mitte das Haus stand, aus dessen Schornstein der Rauch stammte. Es war ein finsteres Gebäude aus uralten Eichenbohlen erbaut, die vom Ruß pechschwarz gefärbt waren, mit winzig kleinen Fenstern, vor denen Fensterläden an eisernen Angeln hingen, und einer Tür so schwer und stark, daß ein Mann sie allein wohl kaum öffnen konnte.

An der rechten Seite des Hauses waren Baumstämme gestapelt, lange, schmale Stämme, so gerade gewachsen, wie man es selten sieht. Auf der linken Seite des Hauses lagen große Bündel feinsten Reisigs. Es schien, als würde dieser Stapel gülden schimmern.
    Ich war derart überwältigt von dem Anblick, daß ich gewiß fünf Minuten am Eingang der Lichtung stand, ohne mich zu bewegen. Derweil war die Sonne fast verschwunden und Dunkelheit senkte sich über das Land.
    Erneut erfaßte mich ein leichter Schauer, und ich beeilte mich zum Haus zu gelangen.
    Gerade, als ich an der schweren Eichentür klopfen wollte, öffnete sich diese mit einem durch Mark und Bein gehenden Knarren. Nur einen Spalt breit, ein kräftiger Arm kam hervor, packte mich am Umhang, zog mich in das Haus und verschloß sofort die Türe. Mehrere schwere Riegel wurden vorgeschoben. Zuletzt hoben zwei starke Arme auch noch einen gut einhalb Fuß breiten Balken vor den Eingang.
    Nur langsam gewöhnten sich meine Augen an die trübe, rauchgeschwängerte Luft, Tränen traten mir in die Augen, ein Hustenanfall schüttelte mich. Nachdem ich mich beruhigt hatte, versuchte ich, zu erkennen, wo ich hineingeraten war.

Vor mir stand ein kräftiger Mann mit einem so gewaltigen Vollbart, daß nur zwei dunkelbraune Augen in dem Gesicht zu erkennen waren. Die Beine steckten in einer vom vielen Tragen speckig-glänzenden Lederhose, der Oberkörper war in ein Wollhemd gekleidet, an dem so macher Holzspan hing.

"Guten Abend, Söhnchen", brummte eine tiefe Stimme aus dem Bart hervor.

"Wir warten schon den ganzen Tag auf dich, hast im Wald herumgetrödelt, hast den Wurbel gezwuckt, hast den Noggo geplunkt!"

Ich war sprachlos, offenbar wurde ich erwartet: "Guten Abend, Meister. Nicht ganz zwei Tage mögen's her sein, da traf ich euren alten Gehilfen auf einer einsamen Lichtung. Er berichtete mir von einer Stelle bei euch, und ich hoffe, sie möge noch nicht vergeben sein. Doch verzeiht mir, woher wisset ihr, daß ich am heutigen Tage käme?"

Ein breites Lächeln teilte den Bart: "Höre Söhnchen, im Harz gibt es verschlunge und geheimnisvolle Wege, die eine Nachricht von einem zum anderen Orte nehmen kann. Sorge dich nicht, du bist mir willkommen als neuer Geselle bei meinem Handgewerke. Doch genug der Worte, du wirst hungrig und durstig sein, tritt näher, mein Eheweib hat bereits angedeckt."

Und tatsächlich, mit einem Mal verspürte ich einen großen Hunger und war froh, daß ich zum Nachtmahl gebeten wurde.

Die Fragen, die mir noch vor wenigen Augenblicken durch den Kopf schwirrten, hatten Zeit, das Abendbrot war nun viel wichtiger.

Am Tisch saß eine gütig dreinblickende Frau von beträchtlichem Körperumfange, die offenbar ihren hochgelobten Speisen selbst gern zusprach. Sie wies mir einen Platz an der Längsseite eines kräftigen Holztisches an. Sie selbst saß an dem einen Kopfende, ihr Mann nahm an dem anderen Platz.

Auf dem Tisch lag ein großer Laib Brot, eine Schale mit Butter, ein riesiger Schinken und der Rest von einem Käse. Der Mann schnitt mit einem Messer einige Scheiben Brot ab, reichte mit eine davon, und wenige Augenblicke später hatte ich drei Scheiben Schinken, so dick wie mein kleiner Finger und ein Stück Käse auf dem Teller liegen. Aus einem Kessel, der über dem offenen Feuer im Kamin hing, wurden mit einer Schöpfkelle unsere Tonbecher, die an jedem Platz standen, mit einem fast noch kochenden, aromatisch riechenden Getränk gefüllt.

Mein zukünftiger Meister senkte den Kopf und faltete die Hände, seine Frau tat es ihm gleich, sprach ein Gebet und wünschte einen guten Appetit.

Ich konnte mich kaum zurückhalten, und hätte mir am liebsten alles auf einmal in den Mund gestopft. Noch nie in meinem Leben hatte ich solch einen Schinken probieren können, doch ich wartete einen Moment ab und versuchte, einen guten Eindruck zu hinterlassen.

Der Kräutertee war ebenfalls einzigartig, nie zuvor hatte ich von etwas Ähnlichem auch nur gehört. Auf meine Frage nach der Rezeptur und der Herkunft der Kräuter blickten beide schnell in eine andere Richtung und begannen darüber zu sprechen, wie denn wohl am nächsten Tage das Wetter werden würde.

Nachdem ich satt und schmöll war, zeigte mir die Meisterin meine Kammer. Wir kletterten eine schmale, steile Holzstiege bis unters Dach hinauf. Wie sie das bei ihrem Körperumfang jedesmal flink und sicher schaffte, ist mir noch heute ein Rätsel.

Die Kammer lag direkt unter dem Giebel und maß ungefähr 10 Fuß auf 8 Fuß. Die halbe Kammer wurde eingenommen von einer Schlafstätte aus rohen Brettern, auf der ein alter Strohsack lag. Zusammengerollt an einem Ende erkannte ich eine gewebte Decke, die in früheren Zeiten wohl bunt gewesen sein mochte, nun aber nach langem Gebrauch und vielen Wäschen wie ein unansehnlicher Putzlappen wirkte.

Neben dem Bett stand eine Holztruhe, auf deren Deckel sich ein Kerzenständer mit einer halb abgebrannten Kerze befand.

Die Meisterin entfachte die Kerze an ihrem glühenden Span, der uns den Weg nach oben gewiesen hatte, wünschte mir eine gute Nachtruhe und verschwand.

Da saß ich nun allein auf meiner alten, stinkigen Strohmatraze und fühlte mich so einsam wie noch nie zuvor in meinem Leben. Aber kam es nun von der zweitägigen Wanderung, dem kräftigen Essen oder von dem Kräutertee mit der geheimnisvollen Rezeptur, ich wurde totmüde, die Lider vielen mir herab und ich versank in einem tiefen, traumlosen Schlaf.

Am nächsten Tag rief mich die Meisterin herunter, und als ich den großen Raum betrat, traute ich meinen Augen kaum. Die schwere Eingangstüre stand weit offen, die Fensterläden waren zurückgeschlagen und die gerade über dem Wald aufgehende Sonne tauchte das ganze Innere des Hauses in ein wunderschönes, goldgelbes Licht. Verdrängt waren die tiefen Schatten und die unheimliche Düsternis vom Abend zuvor.

Die Meisterin zeigte mir eine große Viehtränke hinter dem Haus, die aus einem klaren Bach gespeist wurde. Hier könne ich mich waschen, und wenn ich fertig sei, solle ich hereinkommen und frühstücken. Erfrischt von dem kalten Wasser, hatte ich sofort wieder Hunger und machte mich über ein reichliches Frühstück her. Doch ich brachte nicht viel herunter, die Anspannung, heute meinen ersten Lehrtag zu beginnen, erzeugte ein Kribbeln bis in die Haarspitzen und mein Hunger war genau so schnell verflogen, wie er gekommen war.

Nun begann er tatsächlich, mein erster Tag bei meinem neuen Lehrherren. Der Meister führte mich in seine Werkstatt und begann, mir alles zu erklären. Es gab eine große Werkbank mit verschiedenen hölzernen Schraubstöcken, deren Backen mit feinem Samt gepolstert waren, es gab Schnitzmesser in allen erdenklichen Größen, aber nicht wie zu Hause mit schartigen, rostigen Klingen, nein, hier glänzten silberne und güldene Messer, auf denen nicht ein Stäubchen zu sehen war. Eine Reihe verschieden großer Äxte und Sägen, ebenfalls mit blankpolierten Schneiden, waren an den Wänden aufgereiht. Der Meister mußte mein verdutztes Gesicht gesehen haben, der Mund stand mir vor Staunen offen und ich brachte wohl keinen anderen Laut zustande als ein recht dümmliches Blöken.

Er lachte herzlich und erklärte:"Ja nun, Söhnchen, wir sind schon eine etwas andere Besenbinderei. Unsere Besen sind auf der ganzen Welt gerühmt, und ich darf wohl ohne Übertreibung sagen, du wirst nirgendwo, landauf, landab einen Besen finden, der nur annähernd so gut wie einer aus unserer Werkstatt ist."

Das war die Untertreibung des Jahrhunderts, hatte ich in unserem Heimatdorf in den Handwerksstuben doch nie ähnliches Werkzeug zu Gesicht bekommen, so verschlug es mir beim Anblick der Besen, die in verschiedenen Fertigungsstadien auf der Arbeitsplatte lagen, vollends die Sprache.

Besen waren für mich immer kräftigen Stöcke gewesen, an die mein Vater, krumm und schief und kreuz und quer, ein wenig Reisig gebunden hatte, um damit den Küchenboden aus Lehm mehr schlecht als recht zu säubern. Hier wurde ich eines Besseren belehrt.

Die Besenstile waren schnurgerade, das Holz geschliffen und poliert, daß nicht eine Unebenheit erkennbar war, jedes Stück Reisig war genau auf die richtige Länge geschnitten, gebunden wurde mit einem gülden schimmernden Band.

Der Meister ließ mir noch einen Augenblick, um mich an den Anblick dieser Besen zu gewöhnen, dann zeigte er mir meinen Platz und erklärte die anstehende Arbeit.

Ich stand an einer kleinen Werkbank, auf der einige rauhe Stöcke lagen, die noch keine Ähnlichkeit mit denen hatten, die ich am Werkplatz des Meisters bewundert hatte. Aus einem Eimer nahm der Meister eine handvoll feinen Sandes, nirgendwo im Harz hatte ich je zuvor solchen Sand gesehen, und er begann, den Stab damit abzureiben.

So verging der erste Tag mit meiner neuen Arbeit wie im Fluge, und ehe ich's versah, lag ich nach dem Abendbrot, erneut gab es diesen phantastischen Kräutertee, in meinem Bette und schlief ein, ohne daß ich Gelegenheit gehabt hätte, über den Tag nachzudenken.

Die Tage und Wochen vergingen, und die Arbeit ging mir wohl gut von der Hand, die Stäbe waren inzwischen so glatt, daß der Meister mir ein ums andere Mal anerkennend auf die Schulter schlug. Auf meinen Händen, die zu Beginn an jedem Abend blutig gescheuert waren, hatte sich inzwischen eine kräftige Schicht Hornhaut gebildet, und die Muskulatur meiner Arme hatte sich gewiß auf den doppelten Umfang ausgedehnt. Ich schaffte dreimal so viel, wie an meinem ersten Tage, und so schlich sich ab und zu ein wenig Langeweile in mein Leben. Endlich kam ich dazu, über alles gründlich nachzudenken.

Erst jetzt wurde mir bewußt, daß es einige Dinge gab, die doch mehr als verwunderlich waren: Wenn diese hervorragenden Besen auf der ganzen Welt tatsächlich so berühmt waren, wie der Meister stets behauptete, wie kamen sie um die ganze Welt? Wo waren die Kunden, die diese Besen kauften? Von Zeit zu Zeit waren fertige Besen verschwunden und auf der Schiefertafel in der Werkstatt waren neue Aufträge verzeichnet, das Geldsäckel des Meisters war immer gut gefüllt, und ich erhielt pünklich meinen Lohn, der inzwischen auf ein Silberstück im Monat angestiegen war.

Nie kam ein Mensch zu unserem Hause, und dennoch fand offenbar ein reger Handel mit Besen statt, von dem ich jedoch nie etwas mitbekam. Und nicht nur mit Besen mußte hier gehandelt werden, auch der Meisterin Speisekammer war stets gut gefüllt. Gerade Leute mit gut gefülltem Beutel zogen Kaufleute an wie Unrat die Fliegen. Kamen in unserem Dorfe Tag um Tag fahrende Händler, Zigeuner und anderes Volk die Straße hinauf um allerlei Kram anzudienen, so gab es hier auf dem Brocken nicht den geringsten Verkehr. Solange der Tisch gut gedeckt war, konnte es mir ja auch egal sein, wie die Meisterin ihre Vorräte ergänzte, aber merkwürdig war es schon.

Und, obwohl doch nun gut an die körperliche Anstrengung der Arbeit angepaßt, fiel ich jeden Abend nach dem Abendessen in einen tiefen, traumlosen Schlaf. Nicht in einer einzigen Nacht erwachte ich, wo ich zu Hause in den Vollmondnächten häufig wachgelegen und dem Heulen der Wölfe und den Geräuschen des Waldes gelauscht hatte.

Ich begann, den Meister bei jeder Gelegenheit nach diesen Dingen zu fragen, erhielt aber immer nur sehr ausweichende und ungenaue Antworten:"Dann warst du wohl eben zum Pinkeln im Walde, als der Besenhändler kam," oder:"Kannst mal sehn, wie gut man nach getaner Arbeit schläft."

Diese Antworten stellten mich überhaupt nicht zufrieden, so wurden meine Fragen immer drängender und die Antworten des Meister ziemlich unwirsch.

Ein paar Tage später hatte der Meister beim Frühstück seine gute Laune zurückgewonnen und begrüßte mich mit einem fröhlichen: "Guten Morgen, Söhnchen. Heut ist ein großer Tag für dich, du hast dich sehr bewährt und gut für mich gearbeitet, die Herstellung der Besenstiele gelingt dir nun so gut wie mir, ab diesem Tage werde ich dich in die Kunst des Besenbindens einführen, sodaß du dereinst mein Nachfolger sein sollst. Denn siehe, meiner Frau und mir war das Glück verwehrt, einen Sohn zu bekommen, auf daß dieser die Werkstatt weiterführen möge, wie es Sitte ist in unserer Familie seit vielen hundert Jahren."

Ich war sprachlos, dankte dem Meister überschwenglich und hatte in diesem Moment alle meine Fragen vergessen. So zählte für mich in den darauffolgenden Monaten nur noch das Erlernen der Besenbinderei, ich wollte doch schließlich ein würdiger Nachfolger sein, auf den Meisterin und Meister stolz sein konnten.

Die Zeit verging, aus Tagen wurden Monate, aus Monaten wurden Jahre. Die Besen, die ich herstellte, unterschieden sich in nichts mehr von den Besen des Meisters, und jedesmal, wenn ich einen Besen fertiggestellt hatte, kamen beide, betrachteten lange den Besen und waren voll des Lobes über eine derart feine und sorgfältige Arbeit.

Es muß wohl eines Mittwochabends im fünften Jahr meiner Tätigkeit als Besenbinder gewesen sein, die Zeit zum Abendbrot nahte. Doch etwas war anders als an allen Abenden zuvor. Das Brot, die Butter, der Schinken, der Käse, so war ich's gewohnt. Aber wo war der Kräutertee, kein Kessel dampfte über dem Feuer, keine Tonkrüge standen auf dem Tisch, nein, statt dessen sah ich in der Mitte des Tisches drei Flaschen aus grünem Glase, staubig und von Spinnenweben überzogen, die Korken fast schwarz mit wächsernem Siegel, es war für fünf Personen angedeckt und an jedem Platze ein Kelch aus feinstem Kristall, das im Kerzenlicht schimmerte wie Diamant und Edelstein.

"Mein Sohn", hub die Meisterin an in feierlichem Tone. Sonst war ich immer ihr Söhnchen gewesen, nun also plötzlich ihr Sohn: "Mein Sohn, höre, du bist nun das fünfte Jahr in unseren Diensten, noch nie hatten wir einen Gesellen, der Besen binden konnte von solcher Qualität, unsere Kunden verlangen inzwischen nach Besen aus deiner Hand. So soll es geschehen, daß du heut in der Nacht deine Meisterprüfung machen sollst."

Wie vor fünf Jahren spürte ich die Anspannung und das Kribbeln jeder Faser meines Körpers. Wen erwartete die Meisterin zum Nachtmahl?

Wer waren die geheimnisvollen Personen, die mir die Prüfung abnehmen sollten?

Warum war ich an diesem Abend nicht müde und hatte kein Bedürfnis, ins Bett zu gehen?

All die Fragen, die ich so lange Jahre mit mir herumgetragen hatte, spülten wie eine gewaltige Welle an die Oberfläche meines Bewußtseins, und ich war verwirrter als je zuvor in meinem Leben. Ich tat es dem Meister gleich und nahm am Tische Platz, Hunger hatte ich keinen mehr. Die Flaschen blieben unberührt und wir warteten, ohne ein weiters Wort zu wechseln, nur das Prasseln des Feuers im Kamin war zu hören. Die schweren Fensterläden standen offen, und wir konnten den Weg des vollen Mondes am sternenübersäten Firmament beobachten. Die Spannung wurde immer unerträglicher, doch nichts geschah.

Mit einem Mal, es ging wohl gegen Mitternacht, bekam ich eine Gänsehaut und ganz von fern drang ein schwaches Heulen an mein Ohr, welches schnell kräftiger wurde und näher kam. Es verwandelte sich in ein Flirren und Brausen, die ganze Luft schien erfüllt davon, und obwohl ich mir die Ohren zuhielt, wurde es immer lauter und schriller. Es kreischte in meinen Ohren, aber als ich gerade dachte, ich könne es nicht länger ertragen, war das Geräusch verschwunden und wurde von einer unheimlichen Stille abgelöst, die bald schlimmer war als der Lärm zuvor. Für einen Moment dachte ich, ich hätte mir das alles lediglich eingebildet, doch ein Blick zu Seite zeigte mir meinen Meister mit zitternden Händen, kaltem Schweiß auf der Stirn und blassem Gesicht. Sein Haar schien plötzlich ergraut. Die Meisterin betrachtete ihn mit besorgtem Blick, schien aber selbst keine Angst zu verspüren. Danach trafen ihre Augen mich, und auch mir begegnete eine tiefe Besorgnis, die keineswegs dazu führte, daß ich mich besser fühlte. In diesem Augenblick absoluter Stille, selbst die Flammen im Kamin schienen jede Bewegung und jedes Geräusch zu vermeiden, flog die Eingangstür wie von Geisterhand bewegt mit lautem Krachen auf.

In der Türe standen zwei Gestalten in langen Gewändern, wirres Haar quoll unter spitzen Hüten mit breiter Krempe hervor, ein Gestank nach Schwefel erfüllte den Raum, und beide, einen Besen in der Hand, kamen auf uns zu. Während die Meisterin aufstand, auf die beiden zuging und sie mit den Worten:
"Seid mir willkommen, Schwestern", begrüßte, traf mich das Verstehen wie ein Axthieb. In meinem Kopf ordneten sich in dieser Sekunde alle Fragen und Gedanken der letzten Jahre, und wie bei einem Puzzle aus vielen Teilen ein Bild wird, reifte in mir die Erkenntnis, so ätzend und widerlich, aber auch glasklar:
Vor uns standen …… Hexen.
Diese alte Legende, die ich immer für Unfug und Übertreibung gehalten hatte, dieses Märchen, mit dem man Kindern und Leichtgläubigen das Schaudern lehren konnte, dieser Hohn und Spott für jedes denkende Wesen mit einer höheren Intelligenz als der einer Salatgurke, dieser Ausbund kranker Gehirne…..
Es spottet jeder Beschreibung, aber das waren tatsächlich echte Hexen, so abgrundtief schaurig, daß mir das Blut in den Adern gefror. Ich war nicht fähig, auch nur einen einzigen Muskel zu bewegen, es gelang mir nicht einmal mehr, meine Augen vor diesem nervenzerfetzenden Anblick zu verschließen.   Wie gerne wäre ich ohnmächtig geworden, wäre dem süßen Vergessen anheimgefallen, nur um diesem Augenblick zu entkommen…..

Aber, liebe Leser, ihr ahnt sicher schon, daß euer unerschrockener und mutiger Erzähler es natürlich auch in jener gehirnerweichenden und darmverknäulenden Situation nach einigen Momenten schaffte, seines Körpers Herr zu werden, aufzustehen und mit einem freundlich Lächeln auf die Neuankömmlinge zuzutreten.

Mit einer galanten Verbeugung und den Worten:"Einen wunderschönen guten Abend, die Damen. Bitte treten Sie näher, und erlauben Sie, daß ich mich vorstelle," begrüßte ich die Hexen.

"Sieh an, welch mutiges Bürschchen haben wir denn hier. Wolln sehn, ob du mit dem Schnitzmesser genauso gewandt bist wie mit dem Mundwerk. Haben viel Gutes gehört über deine Besenbinderkünste. Solltest aber nicht so vorlaut sein. Griseldis!!"

Das war das erste Mal, daß ich mitbekam, daß jemand meine Meisterin beim Namen nannte. Nun gut, warum sollte sie nicht Griseldis heißen.

"Was ist mit deinem Mann los, wollt ihr uns hier ewig stehen lassen??"

Langsam löste sich der Meister aus seiner Erstarrung, schwerfällig erhob er sich von seinem Platz, nickte den beiden Hexen wortlos zu, und nahm ihnen die Umhänge und die Besen ab, um sie in der Garderobe zu verstauen. Nun wurde mir auch klar, wofür die Halteklammern neben der Garderobe gut waren – ich hatte schon vor Jahren aufgegeben, darüber nachzudenken – es war offensichtlich eine Aufhängevorrichtung für Hexenbesen.

Was war ich bloß für ein Idiot gewesen. Es war zum Haareausraufen. Alle Dinge vor meinen Augen drehten sich um Hexenbesen, ich selbst hatte die Dinger fast fünf Jahre lang hergestellt, wir wohnten am Brocken, und nicht ein einziges Mal war mir der Gedanke gekommen, wir könnten etwas mit Hexen zu tun haben.

Ich hatte wirklich guten Grund, an meinem Denkvermögen zu zweifeln, nur fehlte mir im Augenblick die Zeit dafür.

Die beiden Hexen hatten sich an den zusätzlich angedeckten Plätzen niedergelassen, die Meisterin öffnete eine der Flaschen und goß eine goldgelbe, erdig riechende Flüssigkeit in die Kristallkelche.

"Auf euer Bürschchen!", mit dieser Bemerkung hoben die Hexen ihre Gläser und begannen zu trinken.

Als ich sah, daß der Meister es ihnen gleich tat, griff auch ich nach meinem Glas.

Welch herrliches Gefühl, statt rauhem Ton ein solches Glas in der Hand zu halten. Und erst der Inhalt. Als ich den Kelch zum Munde führte, stieg mir ein Geruch aus Feuer und Erde in die Nase, der erste Schluck war das

Köstlichste, das ich je zu schmecken bekommen hatte, wie Gold auf der Zunge, wunderbar weich und im Bauch eine angenehme Wärme verbreitend, die den Rest von Angst und Furcht in der selben Sekunde vertrieb.

Da alle tranken, hatte ich endlich Gelegenheit, die Hexen genauer zu studieren. Die mir am nächsten saß, noch kein Wort gesagt hatte und etwas steif auf ihrem Stuhle thronte hatte ein Gesicht, platt wie ein Pfannekuchen,eine kleine Knubbelnase, hektisch umherblickende Schweinsäuglein, keine Augenbrauen, dafür einen kräftigen Damenbart über schmalen Lippen. Sie trank ihren Wein in winzigen Schlückchen und tupfte sich jedesmal, wenn sie ihr Glas abstellte mit einem Taschentuch von undefinierbarer Farbe, das sie aus einem der weiten Ärmel ihres Kleides gezogen hatte, den Mund. Dabei schlabberte ihre Kleidung bei jeder Bewegung an Gliedmaßen, die nicht stärker waren als unsere Besenstiele. Ihre Finger wirkten wie Spinnenbeine, sie schlängelten um das Glas herum und vollführten Bewegungen, wie ich sie noch nie bei einer menschlichen Hand gesehen hatte.

Die andere, die das Wort führte, schien deutlich älter, aus einem zerfurchten Gesicht ragte eine gewaltige Hakennase hervor, geschmückt von einer widerlichen, roten Warze, aus deren Mitte drei borstige Haare hervorwuchsen.
 Bei Reden wurden hinter runzeligen Lippen vier große, gelb-grünlich schimmernde Zähne sichtbar. Ihre rotbraunen Augen wurden von buschigen Brauen gekrönt, in denen ein weißes Geflecht zu erkennen war. Entweder verschimmelte sie bei lebendigem Leibe, oder aber sie hatte Spinnweben im Gesicht. Aus ihren Ärmeln schauten Hände hervor, die von strohhalmdicken Adern überzogen waren, welche sich wie Würmer unter der Haut zu bewegen schienen.

Als ich zur neben mir sitzenden Hexe zurückblickte, schien deren Gesicht plötzlich zu verschwimmen, und in der nächsten Sekunde saß mir ein spitzes, rattenartiges Anlitz gegenüber. Sollte das Getränk in meinem Glase meine Sinne verwirrt haben? Auch das Gesicht der zweiten Hexe begann zu flimmern, je länger ich es betrachtete.

" Hast Angst, Bürschchen", krächzte sie." Hast nicht gewußt, daß ein Normalsterblicher keine Hexe länger anschauen kann."

Das hatte ich tatsächlich nicht gewußt. Wenn euch mal jemand gegenüber sitzt, dessen Gesicht sich laufend verändert, hab ihr's vermutlich mit einer Hexe zu tun.

" Laß uns beginnen!", fuhr sie in scharfem Ton fort,"wir haben nicht die ganze Nacht Zeit."

Und so legte ich in der Stunde nach Mitternacht, in der Nacht von Mittwoch auf Donnerstag, im fünften Jahre meiner Arbeit bei meinem Dienstherren die Meisterprüfung im Fach „Binderei von Hexenbesen" ab.

Beide Hexen befragten mich eine ganze Stunde über alles, was mit der Herstellung von Besen zu tun haben könnte, und war die Frage auch noch so kniffelig, ich konnte die richtige Antwort benennen. Ich war so in meinem Element und derart sicher, wenn es um mein Fach ging, ich hatte schon längst vergessen, daß ich Hexen gegenüber saß, und plötzlich war alles vorbei.

Sie hätten genug gehört, ich dürfe gern am Tisch sitzen bleiben, man wolle aber doch noch ein paar Worte mit Griseldis wechseln, schließlich habe man sich seit 37 Jahren nicht mehr gesehen. Und so redeten sie über dies und das, über diesen und jenen, die Worte plätscherten jedoch an meinen Ohren vorbei. Ich hatte es längst aufgegeben, dem Gespräch zu folgen oder die Hexen zu mustern.

Ich nahm von Zeit zu Zeit einen kleinen Schluck aus meinem Glase und war heilfroh, daß sich kein Mensch mehr um mich kümmerte.

Als das erste Grau am Horizont zu sehen war, erhoben sich alle, die Hexen zogen ihre Umhänge an, sie schwangen sich auf ihre Besen und mit einem erneuten Getöse waren sie verschwunden.

Ich ging hinter das Haus, goß mir einen Eimer kalten Wassers über den Kopf und war augenblicklich wieder munter. Als ich in die Stube zurückkehrte, hatte die Meisterin bereits Frühstück gemacht, die Reste von unserem Nachtmahl waren verschwunden, und auch der Meister hatte seine normale Gesichtsfarbe wiedererlangt.

Nun gab es kein Halten, ich stellte all die Fragen, die mir die ganze Nacht durch den Kopf gegangen waren. Und mit viel Geduld erklärte die Meisterin alles, was ich wissen wollte.

Der leckere Kräutertee, den wir jeden Abend vorgesetzt bekamen, wurde nach einem Spezialrezept der Oberhexe, das war die mit der Warze auf der Nase gewesen, gebraut, damit der Meister und ich tief schliefen um Mitternacht, wenn das Hexenleben im Oberharz tobte. So hatte ich nie etwas vom Treiben der Hexen mitbekommen.

Auch Neubestellungen von Besen, die Übergabe der fertigen Besen, all das fand um Mitternacht statt und wurde von der Meisterin geregelt.

Ja…sie selbst sei auch Hexe, nein…ihr Gesicht würde nicht verschwimmen, wenn ein normaler Mensch sie anschaue, sie habe schließlich geheiratet, keinen Hexenmeister, sondern einen Besenbinder, und da gingen schon ein paar Hexeneigenschaften verloren.

Meine Prüfung hatte ich übrigens mit Auszeichnung bestanden, die Meisterin überreichte mir eine Urkunde: auf gelblichem Pergament, das ein wenig nach Schwefel roch, war in völlig unleserlicher Schrift irgendetwas geschrieben, ein dickes Siegel aus schwarzem Wachs prangte in der unteren linken Ecke. Die Meisterin aber strahlte über das ganze Gesicht und sagte, dies sei mein Meisterbrief, und ich solle ihn bloß gut verwahren für alle Zeit.

Einen klitzekleinen Haken hätte die Sache aber schon noch, ich müsse mein Meisterstück abliefern, und da mein guter Ruf sich schon im ganzen Harz verbreitet habe, habe die Oberhexe einen Besen aus meiner Hand bei ihr bestellt.

Es müsse ein ganz besonderer Besen werden, ja, schlichtweg ein Wunderbesen, den die Oberhexe zum tausendjährigen Jubiläum der Valpurgisnacht in diesem Jahre fliegen wolle.

Mir stand der Mund offen. Ein Besen aus meiner Hand für die Oberhexe. Ich fühlte mich sofort eine Elle größer. Jawoll, ich war der Besenbinder mit Zukunft, meine Besen würden alles überbieten, was bisher dagewesen war, und ich war so stolz auf mich, daß es schon an Übermut grenzte.

Ach, wär ich doch nur bescheiden geblieben. Ich schuftete Tag für Tag an der Werkbank, um den Besen aller Besen zu erschaffen, ich sprach kaum ein Wort mit dem Meister oder der Meisterin, ich sah nur noch mich und meinen Ruhm, den ich in der kommenden Valpurgisnacht ernten wollte.

Der Mond war wohl drei dutzend Mal auf- und wieder untergegangen, als mein Besen vor der Vollendung stand. Der Meister bestaunte ihn ein ums andere Mal, die Meisterin war voll des Lobes. Eines Nachts erwischte ich gar zwei Hexen, ich hatte an diesem Abend meinen Kräutertee nicht getrunken, die, über die Werkbank gebeugt, den Besen bestaunten und wie zwei dumme Gören kichernd die Köpfe zusammensteckten.

„So einen wollen wir auch, werden uns dir erkenntlich zeigen!"

„Aber meine Damen", versuchte ich die beiden zu beruhigen, „jetzt kann ich keine weiteren Aufträge annehmen, beruhigen Sie sich bitte. Dies ist ein Auftrag ihrer Chefin, aber nach der Valpurgisnacht werde ich mich gerne um sie kümmern."

In Gedanken sah ich schon die übervollen Auftragsbücher vor mir, jeder Hexe ein Wunderbesen. Das Leben ist doch herrlich als erfolgreicher Geschäftsmann.

Die Valpurgisnacht nahte, meine Anspannung wuchs, ich würde der Held des Abends sein, und dann war sie plötzlich da.

Fast den ganzen Tag verbrachte ich damit, den Besen nochmals auf Hochglanz zu polieren. Die Meisterin lief hinter mir her, um mir immer wieder zu erklären, welch große Ehre es sei für Nichthexen, an der Nacht der Nächte teilzunehmen.

Dies sei seit vielen Jahrhunderten nicht mehr vorgekommen, und dazu wolle die Oberhexe auch noch den Besen eines jungen Meisters selbst probieren und in der Jubiläumsnacht reiten.

Es war schon dunkel, als wir unsere beste Kleidung anlegten, und kurz vor Mitternacht ertönte das mir wohlbekannte Tosen, sechs Hexen erschienen auf ihren Besen, nahmen je einen von uns in die Mitte und flogen mit uns davon.

Sie jauchzten und kreischten in die Nacht, schlugen Haken in den Wolken und grüßten ausgelassen den Mond, der als volle Scheibe vor uns am Himmel hing.

Ich muß gestehen, so richtig konnte ich mich nicht mitfreuen. Zum einen überfiel mich schon damals eine gewisse Höhenangst, ich stand lieber mit beiden Beinen auf festem Boden, zum anderen hatte mich ein gewaltiges Lampenfieber gepackt und schnürte mir den Magen ein.

Schließlich, ich kann heute nicht mehr sagen, wie lange die Reise gedauert hatte, näherten wir uns einer riesigen Lichtung auf dem Gipfel des Brocken. Ein Feuer von gewaltigen Ausmaßen schickte riesige Flammenzungen in den Nachthimmel, hunderte von Hexen tanzten am Boden oder mit ihren Besen über die Lichtung. Die Luft schwirrte von ausgelassenen, fröhlichen Stimmen, unterbrochen von grellen Schreien. Heiseres Flüstern drang an mein Ohr und wurde im nächsten Moment vom Prasseln des Feuers übertönt.

Liebe Zuhörer, glaubt mir, euer treuer Erzähler hat nie wieder in seinem Leben ein Fest von solcher Ausgelassenheit und Wildheit erlebt, obwohl ich doch im Laufe von vielen, vielen Jahren so manche heiße Party miterleben durfte.

Dies war die Party der Partys, die Mutter aller Feten, die Großmutter aller Orgien.

Wir landeten in der Nähe des Feuers mitten im Gewimmel der Hexen. Über kleinen Feuern brodelten Kessel mit allerlei merkwürdigen Tränken, Stände waren aufgebaut, wo Hexenhüte und Umhänge feilgeboten wurden. Die ungewöhnlichsten Kräuter verströmten exotische Gerüche, Phiolen mit giftgrünen und blauen Flüssigkeiten leuchteten auf den Regalen, wunderliche Gestalten ohne Zahl schoben sich durch die Gassen zwischen den Buden. Wir tauchten ein in eine andere Welt, so aufregend, daß dagegen ein orientalischer Großmarkt so lebendig erscheint wie die Amtsstube des vierten Sekretärs von Papst Herbert dem Langweiligen.

Mit der Zeit begann der Lärm abzuebben, und die Stimme der Oberhexe hallte über die Lichtung, übertönte spielend den Orkan des Feuers und brachte augenblicklich alle Gespräche zum Verstummen. Ich wollte gerade noch die Meisterin fragen, was nun wohl kommen würde, doch sie hing, und mit ihr alle anderen Hexen, wie gebannt am Munde der Oberhexe.

„Meine Lieben, seid mir willkommen! Wie ihr alle wißt, jährt sich die Feier der Valpurgisnacht auf dem Brocken zum tausendsten Male. Mit großer Anspannung haben wir diesen Tag erwartet, wir haben ihm entgegengefiebert und gebangt, daß auch alles perfekt sein möge in dieser Nacht. Und alles ist perfekt. Alle seid ihr gekommen in euren scheußlichsten Gewändern, habt die Zähne nicht geputzt seit drei Jahren, neue Rezepte aus aller Welt für die größten Widerlichkeiten zusammengetragen. Laßt uns gräßlich sein in dieser Nacht, laßt uns scheußlich sein, laßt uns häßlich sein, laßt uns feiern, bis dem Sensenmann die Schamesröte ins bleiche Antlitz steigt. Laßt uns ausgelassen sein, daß wir alle die nächsten tausend Jahre von dieser Valpurgisnacht erzählen werden!"

Die Rede werden wir garantiert nicht vergessen für die nächsten tausend Jahre, dachte ich bei mir, während die Alte sabbernd und geifernd ihre Worte in die Nacht posaunte. Bloß wann war ich dran mit meinem Superbesen, deswegen war ich schließlich hier, nicht weil ich den Selbstbeweihräucherungen einer senilen Hexe beiwohnen wollte. Aber die Rede ging offenbar immer noch nicht ihrem Ende entgegen, die Zuhörerschaft begann bereits unruhig zu werden, und nach weiteren Minuten des Geiferns und Keifens kam sie endlich zum Schluß.

„Schwestern, besteigt eure Besen und laßt uns um das Feuer tanzen. Aber zuvor bringt mir meinen neuen Besen, auf daß es ein Ritt werde, meiner und dieser Valpurgisnacht würdig!"

Zwei Hexen kamen auf mich zu, nahmen mir den Besen aus der Hand und brachten ihn der Oberhexe. Kein Wort des Dankes an mich, nicht einmal meinen Namen hatte die blöde Kuh erwähnt, ich war total eingeschnappt.

Aber was soll's, dachte ich mir, dieser Besen wird für sich selbst sprechen, wenn ich im Morgengrauen dieses Fest verlasse, würde mein Auftragsbuch bis zur letzten Zeile vollgeschrieben sein, und unsere Werkstätte hätte zu tun bis ans Ende aller Tage.

Die Hexen schwangen sich auf ihre Besen, ein Heulen und Tosen erklang, daß es die Trommelfelle zu sprengen schien, und hunderte Hexen begannen ihren schaurigen Tanz über dem Feuer.

Ich fragte mich gerade, wo die Oberhexe abgeblieben sei und wann ich nun endlich meinen neuen Besen in Aktion sehen würde, als die Alte auf meinem Besen rückwärts an mir vorbeischoß und mit lautem Getöse in den hinter uns aufgebauten Stand krachte, der Töpfe, Pfannen und Kessel feilbot.

Die kunstvoll aufgebauten Waren brachen mitsamt dem Stand über der Hexe zusammen und begruben sie unter sich. Als das Rappeln und Poltern verklungen war, sah man unter einem Berg von Eisenwaren nur ein Paar löchriger Stiefel hervorschauen, wild hin und her zuckend und strampelnd.

Nach einer Schrecksekunde brachen alle Umstehenden in wildes Gelächter aus, ja, sogar die ersten Hexen landeten wieder, um zu sehen, was hier wohl los sei. Auch sie stimmten sofort in das Gelächter mit ein.

Nur mir wurde immer mulmiger zumute. Was war geschehen? Wieso war die Alte in den Stand gekracht, statt elegant und schwungvoll in den Himmel aufzusteigen?

Mir schwante Furchtbares. Es gab schließlich nur zwei Möglichkeiten.

Entweder war die Hexe zu dämlich zum Fliegen, aber wer glaubt schon, daß eine Hexe den Besen nicht beherrscht. Oder ich hatte Mist gebaut. Irgendetwas beim Bau dieses Besens war schief gelaufen.

Und noch in meiner Erstarrung dämmerte es mir: ich hatte den Stiel falsch herum eingebaut. So mußte es sein, das war die Erklärung. In meiner ganzen Vermessenheit, der beste Besenbinder aller Zeiten zu sein, hatte ich einen Fehler gemacht, der einem Lehrburschen am zweiten Tag seiner Lehre nicht mehr passieren durfte. Wenn man auf einem solchen Besen saß und mit ordentlich Schwung starten wollte, transportierte einen dieser Besen genau in die verkehrte Richtung. Und da ich diesen Besen extra schnell gemacht hatte, konnte niemand ihn im gleichen Moment anhalten.

Dies alles schoß mir in einem Augenblick durch den Kopf, und mit einer nie dagewesenen Klarheit erkannte ich, was nun kommen würde. Ich hatte die Oberhexe der Lächerlichkeit preisgegeben, und das war etwas, was eine Hexe niemals verzeiht.

Schon kam Bewegung in den Haufen aus Töpfen und Pfannen, ich machte mich ganz klein, drehte mich um, um mich heimlich davonzustehlen und stand vor einer Mauer aus Hexen, die mich mit schadenfrohem Grinsen anschauten. Hier hätte nicht einmal eine Maus durchgepaßt, geschweige denn ein stattlicher Mann wie ich.

Liebe Leser, ihr müßt wissen, Hexen verzeihen nicht nur niemals, sie sind auch noch schadenfroh ohne Ende, und je schlechter es euch geht, umso besser geht's der Hexe. Aber das nur am Rande.

Das Gekichere und Gekreische verstummte langsam, ich drehte mich wieder zurück, und da stand sie, drei handbreit vor mir.

Meine Meisterin versuchte, sich dazwischenzudrängen und rief:" Hab Erbarmen mit ihm, er ist noch so jung, er hat es doch gut gemeint." Doch viele Hände packten sie, und rissen sie mit in die Reihe der geifernden Hexen.

Der Meister murmelte noch:" Es tut mir leid, hier kann niemand mehr helfen", und trat ein paar Schritte zurück.

Ich hob den Blick, am ganzen Körper schlotternd wie Espenlaub, und sah in ein Gesicht, das nun nicht mehr verschwamm. Rubinrote Augen funkelten auf mich herab, die Hexe schien plötzlich eine Elle größer als ich, ihre Haarsträhnen wanden sich wie Schlangen um ihre Fratze, eitriger Sabber tropfte aus ihrem Mund und ihr Atem stank nach Schwefel und Katzenscheiße.

Und was dann geschah, brachte das Faß vermutlich endgültig zum Überlaufen.

Vielleicht hätte ich ja noch eine Chance bekommen, aber mir war so elend zumute, daß ich ihr in hohem Bogen auf ihren Tausend-Jahre-Valpurgisnacht- Festumhang kotzte.

In die folgende Totenstille hinein kreischte sie mir einen Fluch entgegen, so gemein, so gruselig, daß ich die Worte heute nicht mehr zusammenbringen kann.

Und plötzlich konnte ich mich nicht mehr bewegen, und es wurde dunkel und ganz ruhig um mich herum.

Keine unerträglichen Schmerzen, kein loderndes Feuer im Gedärm, keine Fingernägel, die über Schiefertafeln kratzen, all das, was ich so befürchtete, nachdem ich von einer Oberhexe verflucht worden war, nichts, aber auch rein gar nichts von alledem war eingetroffen.

Meine Verwunderung darüber, daß ich offensichtlich in Sicherheit war, wuchs, er klang noch nach in mir, dieser alles Faßbare übersteigende Fluch.

Ich konnte mich zwar immer noch nicht bewegen, ich konnte nichts sehen und kaum etwas hören. Von Ferne drang lediglich das Rauschen des Waldes ganz leise an mein Ohr. Es roch wie ein frisch umgegrabenes Feld.
Ich konnte mir keinen Reim machen auf das, was ich spürte. Meine Gedanken zogen träge dahin, mir fehlte die Konzentration, um die neue Situation wirklich durchdenken zu können. Und das mir, der ich mich immer für ein schlaues Kerlchen gehalten hatte.
"Nix schlaues Kerlchen, doof wie Möhren halt so sind!", ertönte eine Stimme.
Gleichzeitig erklang ein fieses Kiechern, irgendetwas zog an meinen Haaren und riß sie mir büschelweise aus.
Doof wie eine Mohrrübe – und das mir, dem geschicktesten Besenbinder aller Zeiten.
Hier lief einiges schief, und ich mußte erstmal feststellen, was. Das Denken fiel mir noch immer unendlich schwer, doch da war wieder die Stimme von vorhin: "Warum glauben eigentlich alle Möhren, sie seien etwas Besonderes. Könnt ihr mir das mal sagen? Mmmh, dieses Kraut, deliciös!"

„Kommt Jungs, wir hoppeln noch 'ne Runde, laßt die blöde Möhre", war nun eine andere Stimme zu vernehmen.

„Ich will nicht mit, hab noch Hunger", quakte wieder die erste Stimme.

Kurz darauf waren noch ein paar Vibrationen zu spüren, dann war Stille um mich herum.

Irgendwann, ich hatte jegliches Zeitgefühl eingebüßt, bemerkte ich eine schleimige Berührung, die sich von meiner rechten Seite einmal um mich herum bewegte. Was soll das nun wieder, konnte ich gerade noch denken, als auch schon die Antwort folgte:" Das hier ist der Weg, den ich nun schon seit dreizehn Zräm benutze. Ich sollte dich fragen, was das soll, mir hier einfach die Straße zu versperren. Alle anderen Möhren, die ich bisher kennengelernt habe, wachsen ganz langsam und vorsichtig, fragen auch mal nach, ob sie denn stören würden, sind nicht plötzlich einfach da, und auch schon gar nicht, ohne sich zu entschuldigen."

"Wer bist du, wo bin ich, was ist los?"

Wieder folgte die Antwort prompt:" Ich bin Rewopp, du bist in mein Revier eingedrungen und ich bin deswegen ein wenig sauer auf dich."

Ich versuchte es nochmals:" Laß es mich anders formulieren. Was bist du, wo liegt dein Revier, was tu ich hier?"

"Ich bin Rewopp, der Regenwurm, mein Revier liegt unter einer kleinen Lichtung in einem großen Wald, und du steckst als Mohrrübe mitten in dieser Lichtung und nervst mich tierisch."

Daß Rewopp wütend war, interessierte mich in diesem Moment kaum, ich hatte genug Mühe, mich mit meiner Lage anzufreunden.

Versetzt euch in meine Situation, liebe Leser. Obwohl – ich befürchte, das könnt ihr nicht, ich werd's euch also erklären: Man steckt in der Erde fest, ohne Möglichkeit, sich zu bewegen. Man sieht nichts, alles ist nur dunkel um einen herum, es riecht immer nach feuchtem Boden, andauernd kommen Kaninchen, um einem das Kraut abzufressen, sobald es nachgewachsen ist.

Man kann nur sehr langsam denken, man hat halt den Intelligenzquotienten einer Mohrrübe. Das Allerschlimmste aber sind die sozialen Kontakte. Meine Hauptgesprächspartner waren lernschwache Karnickel, wenn sie mal wieder Appetit auf Möhrenkraut hatten, alle möglichen Fluginsekten, die auf mir landeten, Käfer, die um mich herumkrabbelten. Und natürlich Rewopp, dieses parasitäre Geschöpf.

All diese Tiere habe ich während meiner Zeit als Rübe sehr gut kennen gelernt.

Kaninchen sind teuflisch hochnäsig und frech, geben immer nur blöde Antworten. So niedlich und süß sie aussehen, so unverschämt sind sie gleichzeitig, und da sie einen immerzu anknabbern, ist man froh, wenn sie mal ein paar Tage wegbleiben. Fluginsekten landen meist nur kurz, um sofort weiterzufliegen oder um am Nachmittag ein kleines Sonnenbad zu nehmen. Dann haben sie keine Lust auf Gespräche und wollen ihre Ruhe haben. Käfer sind dagegen richtig kleine Plappermäulchen, wollen immer ausführlich erzählen, was sie Neues erlebt haben. Leider wühlen sie den ganzen lieben langen Tag in Abfällen und im Dreck herum – Jeder kann sich selbst denken, wie spannend das auf die Dauer ist. Immerhin war ich stets über die neusten Dreckhaufen auf unserer Lichtung informiert.

Ameisen haben nur ihre Arbeit im Kopf, und sobald eine stehen blieb zum Schnacken, kam sofort ein Aufseher und trieb sie zurück in die Reihe.

Eines Tages begann die Erde zu rumpeln, ein Scharren war zu hören, und plötzlich hing meine Wurzel in der Luft, eine Höhle hatte sich aufgetan. Des Rätsels Lösung: Ein Maulwurf war vorbeigekommen und hatte mit seinem neuen Tunnel meinen Standort gekreuzt. Wir haben uns dann tatsächlich auch unterhalten. Seither weiß ich, auf wie viele Arten man Stollen graben und Erdhaufen aufwerfen kann. Wer weiß, wozu man's mal gebrauchen kann.

Mein einziger regelmäßiger Kontakt war über die gesamte Zeit nur Rewopp, und das war keineswegs ein reines Vergnügen. Regenwürmer sind genau, pingelig, vergessen nichts, vermutlich die Erbsenzähler unter den Würmern. Rewopp ließ einmal eine Bemerkung fallen, die darauf hindeutete, daß er die untergrabende Laufbahn in irgendeiner Waldbehörde angetreten hätte.

Ich habe in meinem Leben nur Rewopp näher kennen gelernt, sollten also die letzten Bemerkungen über Regenwürmer nicht allgemein gültig sein, entschuldige ich mich schon jetzt bei der gesamten Regenwürmerschaft.

An jedem Tag, der verging, hielt mir Rewopp wieder und wieder vor, daß ich mich in sein Revier gedrängelt hätte, ohne ihn zu fragen. Daß ich verhext worden war, interessierte ihn nicht die Bohne.

Mit der Zeit wurde ich stiller und stiller, die Langeweile senkte sich über mich wie ein dunkeles Tuch. Ich war von der Außenwelt fast vollständig abgeschnitten, und allmählich wurde mir klar, daß ich einem Fluch zum Opfer gefallen war, der einer Oberhexe wahrhaftig würdig war. Diese Verurteilung zur Untätigkeit und zum Kontakt mit echten Blödmännern wie Rewopp war eine der gewaltigsten Strafen, die sich denken läßt.

Im Nachhinein muß ich gestehen, daß ich nicht die geringste Ahnung habe, wie lange mein Martyrium gedauert haben mag. Einige Jahre müssen ins Land gegangen sein, denn ich erlebte manchen Winter unter einer Schneedecke, dann total abgeschottet von der Umwelt, und manchen Sommer, wo ich wenigstens mal einen Schmetterling oder eine Hummel zu sehen bekam.

Eines Tages vibrierte die Erde mal wieder, es schien aber kein Reh oder Bär zu sein, das kannte ich nun schon genau. Das Vibrieren kam näher und entpuppte sich als Hufgetrappel.

Vielleicht ein Pferd mit einem Reiter, das wäre dann der erste Mensch, der im Laufe meiner Verbannung diese Lichtung kreuzen würde. Auf meinen Blättern hatten sich gleichzeitig zwei Hornissen niedergelassen, so richtig in Stänkerlaune, auf der Suche nach einem Opfer, dem sie einen richtigen Schreck einjagen könnten.

Und den beiden kam das Pferd gerade recht. Sie legten einen Blitzstart hin, ich hörte noch ein ängstliches Wiehern, ein lautes Krachen und Splittern, galoppierende Hufe, lautes Fluchen und Schimpfen einer Frau…… und ich war wieder ein Mensch.

Die Sonne blendete mich derart, daß ich wohl einige Minuten mit geschlossenen Augen saß, um überhaupt etwas sehen zu können, ein leichter

Wind umspielte meine Haut, daß es mich fröstelte. Meine Kleidung war bei der ganzen Zauberei verloren gegangen, trotzdem war dies seit der betreffenden Valpurgisnacht der schönste Moment in meinem Leben……ich war wieder ein Lebewesen aus Fleisch und Blut, die Zeit als Mohrrübe war vorbei.

Wie lange ich auf der Erde gesessen und mich über meine Rückkehr ins Leben gefreut habe, ich weiß es nicht zu sagen, aber irgendwann registrierte ich, daß die weibliche Stimme wohl mich meinte: "…..wirst dich erkälten, wennst weiter ohne Umhang auf dem nassen Boden sitzt. Wirst dir die Füß´ aufschneiden, wennst keine Schuh´ hast."

Endlich wurde mein Blick klarer, ich saß nackt in einer Pfütze, die nach Essig und Kräutern roch, um mich verstreut lagen einige Gewürzgurken und Scherben eines irdenen Gefäßes, daneben hockte eine junge Frau in einem langen, weißen Gewand, die mich freundlich anlächelte. Sie hatte ebenmäßige Züge, und eine Reihe weißer Zähne blitzte zwischen roten Lippen hervor, also hoffentlich keine Hexe.

"Wwwwwer bist du?", stotterte ich mir zurecht. Da saß mir nun das schönste Mädchen, dem ich im Leben begegnet war, gegenüber, und ich bekam kein Wort gerade heraus.

"Man heißt mich Edelgart. Edelgart die Schusselige, aus Goslar, vom Haus der guten Feen in der Abzucht Nummero drei. Ich war auf dem Wege zur Okerquelle, wollt den Bauern dort ein Töpflein Zaubergurken bringen. Sind gut gegen Hexen. Schützen jedes Haus, Mann und Frau, Kind und Kegel und das Vieh noch obendrein."

War das zu fassen? Einen besseren Ort als diese Lichtung hätte sich Edelgart für ihren Unfall gewiß nicht aussuchen können. Es mußte doch einen Gott geben, der sich meiner erbarmt und diesen wahrlich einmaligen Zufall herbeigeführt hatte.

Nach einem Dankgebet wollte ich mich erheben. Edelgart hatte zwischenzeitlich ihr Pferd wieder eingefangen, ein Bündel vom Sattel geschnallt und einen dicken Leinenumhang und grobe Lederstiefel hervorgeholt, die sie mir nun entgegenhielt. Doch sobald ich mich auch nur um drei handbreit erhob, fiel ich zurück in die Pfütze, meine Beine gehorchten mir nicht mehr.

Vom langen Ruhen war meine Muskulatur derart schwach geworden, daß ich nur wie ein Wurm im Dreck herumkriechen konnte, an Aufstehen war überhaupt nicht zu denken. Edelgart jedoch schien die Situation nicht im geringsten peinlich zu finden, sie packte mich mit erstaunlich festem Griff an den Oberarmen, zog mich hoch und lehnte mich erst einmal an einen Baum, wo ich mit großer Mühe stehen blieb. Sie half mir in den Umhang und in die Stiefel, sattelte ihr Pferd ab, stellte den Sattel an den Fuß des Baumes, sodaß ich mich, mit dem Baum als Rückenlehne, wie in einem Sessel bequem niederlassen konnte.

Edelgart entfachte mit schnell gesammeltem Holz ein Feuer, auf dem alsbald ein kleiner Kessel mit frischem Quellwasser kochte. Aus allen möglichen Taschen ihres Umhangs zauberte sie Kräuter, getrocknetes Obst und Gemüse hervor, und schon nach kurzer Zeit begann es, auf der Lichtung nach Gemüsesuppe zu duften.

Sie besaß soviel Feingefühl, daß keine Möhren zu den Zutaten zählten. Direkt vor dem Verzehr streute sie noch eine Prise eines Pulvers aus einem kleinen Samtbeutel, den sie am Gürtel trug, in den Topf, worauf eine Wolke lila Dampfes emporschoß. Ich fühlte mich sofort an meine Zeit bei den Hexen erinnert, aber Edelgart beruhigte mich, es sei halt eine entscheidende Zutat für ihre „Spezial Muskelwiederaufbau und überhaupt ganz stark mach" -Suppe.

Und in der Tat: bereits nach einer Schale dieser Wundersuppe spürte ich die Kraft in meine Arme und Beine zurückkehren, nach einer zweiten Schale war ich in der Lage, aufzustehen, und nach der dritten Schale fühlte ich mich, als könne ich Bäume ausreißen.

Edelgart schien mir anzusehen, daß es mir besser ging und wollte nun von mir wissen, was geschehen sei. Ich erzählte von meiner Kindheit auf der Joghurtplantage und, in aller Ausführlichkeit, meine Geschichte von dem Tage an, als ich den alten Gesellen des Besenbinders beim Kräutersammeln getroffen hatte. Sie hörte mir schweigend zu, und nichts in ihrer Mimik verriet, daß sie besonders erstaunt wäre. Ja, als ich ihr von dem pingeligen Rewopp erzählte, trat ein Lächeln in ihre Züge.

Wie konnte sie sich lustig machen über mich, wo ich doch so gelitten hatten.

Sie merkte, daß ich beleidigt war. „Höre, oh Besenbinder", hub sie an."Nie würde sich eine von uns guten Feen lustig machen über jemanden, dem eine Hexe so übel mitgespielt hat. Es ist unsere Berufung, den Einfluß der Hexen im Harz im Zaume zu halten. Ohne uns würden sie schon die halbe Welt beherrschen, und jede von uns hilft den Menschen gegen die Macht der schwarzen Hexenkunst."

"Entschuldigt, wenn ich Euch zu nahe trat," beeilte ich mich zu bemerken,"doch sagt, wie habt Ihr mich erlöst vom meinem bösen Fluche?"

Ich erfuhr von Edelgart, daß sie eine Gemüse-Fee sei, die mit allerlei Feldfrüchten, in Sauer eingelegt oder auch mit frischen Suppen, dem bösen Zauber entgegenwirke. Meine Rettung sei in der Tat ein glückliches Zusammentreffen von Zufällen gewesen. Sie würde sonst immer einen anderen Weg zur Okerquelle wählen, hätte im Wald aber einen Elefanten mit rosa Ohren getroffen und diesen verfolgen wollen, um zu sehen, was es mit ihm auf sich habe. Sie habe das Tier dann im Dickicht verloren, sei auf diese Lichtung gelangt, das Pferd habe gescheut und sie abgeworfen. Sie habe noch versucht, im Fallen das Gefäß mit den Zaubergurken festzuhalten, es sei ihr aber entglitten, und eine der Gurken müsse mein Kraut berührt und den Zauber gelöst haben.

Das sei schließlich auch die Funktion der Zaubergurken: wenn eine Hexe etwas verzaubert hätte, Zaubergurke drauf, und alles sei wieder im Lot.

"Oh, Edelgart, ich bin euch zu Dank verpflichtet bis an das Ende meiner Tage, gebt mir Gelegenheit, meine Schuld abzutragen und euch meinen Dank zu zeigen. Ich will in eure Dienste treten, eure Schuhe putzen, euer Nachtgeschirr reinigen, eure Wäsche waschen, die niedrigsten Arbeiten will ich für euch tun.

Einen treuen Mitstreiter im Kampf gegen die Hexen hättet ihr in mir gefunden.

Laßt mich bei euch bleiben."

Die Fee überlegte einen Moment."Besenbinder, es ist Sitte bei den Feen in Goslar von Alters her, unter sich zu bleiben. So dank´ ich für dein Angebot, hab´ wohl auch eine Aufgabe für dich, auf daß du deine Schuld mindern sollst bei mir.

Habe einen alten Großonkel, draußen am Meer, ist Fischer und kann seine Netze kaum mehr allein einholen. Könnt´ Hilfe brauchen von einem kräftigen, jungen Burschen wie dir. Hat mir grad neulich eine Botschaft zukommen lassen, ob ich wohl einen Rat hätt´ für ihn. So ist´s auch für mich eine glückliche Fügung, daß wir uns hier begegnet sind."

Im ersten Moment war ich ein wenig enttäuscht, nicht bei Edelgart bleiben zu können, aber es stand mir nicht zu, um eine andere Aufgabe zu bitten. Ich würde ihrem Oheim helfen. Und immerhin würde ich auch dem Harz entkommen, wer weiß schon, wie lange Zaubergurken wirken. Am Ende bekämen mich die Hexen nochmals zu fassen, und das ganze Unglück begünne von vorn.

Ich sagte:" Gern, oh Edelgart, was immer dein Begehr sei, so soll es geschehen."

Und damit war der Handel perfekt. Wir gaben uns die Hand drauf und rüsteten zum Aufbruch.

Edelgart wollte mit mir auf jeden Fall vor Mitternacht Goslar, die alte Kaiserstadt, wo sie uns in Sicherheit vor den Hexen wähnte, erreichen. Mir schien bald, als traue sie ihrer eigenen Macht nicht so recht und als hege sie doch eine gewisse Furcht vor den Harzer Hexen, obwohl ich selbst das beste Beispiel für die Wirksamkeit des Gurkenzaubers war.

Takt und Anstand geboten mir jedoch, nicht weiter in sie zu dringen und das Thema fallenzulassen. Wir sputeten uns gewaltig, und mir war es die reine Freude, endlich meine Beine wieder gebrauchen zu können.

Die Spezialsuppe hatte eine wunderbar anhaltende Wirkung, und rechtzeitig vor Mitternacht erreichten wir ein Tor in Goslars Stadtmauer.

Dies war jedoch verschlossen, und ein etwas minderbemittelter – um nicht zu sagen strohdoofer – Torwächter weigerte sich zunächst, uns einzulassen. Es sei schließlich nach acht Uhr, und da dächte er nicht daran, das Tor nochmals zu öffnen. Und daß draußen Edelgart die Schusselige vom Haus der guten Feen stünde, könne ja nun wirklich jeder behaupten.

Vielleicht sei sie hingegen Bodo, fahrender Räuber, Dieb und Halsabschneider, oder irgend ein anderes Gesindel, und das Tor bliebe zu bis zum nächsten Morgen, basta.

Es bedurfte eines längeren Disputes, in dessen Verlauf Edelgart durchblicken ließ, welche Möglichkeiten bestünden, ihn zu verzaubern, verfluchen, verbannen oder was sonst noch so drin wäre, bis der Wächter sich bereit erklärte, nach der Frau Oberin vom Hause der guten Feen zu schicken.

Diese erschien dann auch endlich, und nachdem sie bestätigt hatte, vor dem Tor stünde tatsächlich Edelgart, wurde dieses aufgetan.

Edelgart rauschte mit wehenden Gewändern an dem Torwächter vorbei, nicht ohne einen kleinen Blitz abzufeuern, der ihn empfindlich am großen Zeh traf und ein dukatengroßes Loch in seinen Schuh brannte.

Sein Fluchen verfolgte uns noch durch ein paar Gassen, und ich lernte ein paar sehr interessante Schimpfwörter, die mir bis dahin unbekannt gewesen waren.

Auch wenn du, lieber Leser, jetzt ganz gespannt bist, ein wenig mehr über die hohe Kunst des Fluchens zu hören, der Anstand verbietet mir, hier näher ins Detail zu gehen.

Ich verbrachte eine ruhige Nacht in einer kleinen Kammer im Hause der guten Feen, die für Gäste immer bereit zu stehen schien. (Erinnert euch an die Adresse: Abzucht Nummero drei, geht hin, wenn ihr mal in Goslar seid, die Altstadt sieht noch fast so aus wie damals, und ich glaube, das Haus steht noch, nur die Feen werdet ihr nicht mehr finden, ich weiß selbst nicht, wohin sie verschwunden sind. Es hat schon lange niemand mehr eine Fee im Harz getroffen, aber vielleicht habt ihr ja Glück und euch begegnet eine.)

Am folgenden Morgen erklärte mir Edelgart den Weg zum Meer und der Hütte ihres Oheims, gab mir eine Wegzehrung mit, ich bedankte mich nochmals herzlich für die große Hilfe und brach auf.

Sie hatte mir noch einen Beutel mit Gold übergeben, der schwer an meinem Gürtel hing. Das Gold sei für den Oheim bestimmt, ich könne aber ruhig einen Teil verwenden, wie es mir beliebe, um eine Nacht in einem Gasthause zu bezahlen oder einen Fährmann für die Überfahrt über einen großen Fluß zu entlohnen.

Ich wanderte am Fuße des Harzes zunächst bis nach Seesen, wo ich bei meinen Eltern einkehrte. Wie war die Freude groß, als wir uns in die Arme nahmen, hatten wir uns doch viele Jahre nicht gesehen.

Den ganzen Abend, die ganze Nacht erzählten wir, bei Tee und Joghurt, wie es uns ergangen sei und was wir erlebt hätten.

Am Morgen hieß es aber auch hier, Abschied zu nehmen, denn eine Aufgabe wartete auf mich, und ich hatte Edelgart ein Versprechen gegeben, das es zu erfüllen galt. Meine Eltern bekamen ein paar Goldmünzen aus meinem Beutel, es wäre schon noch genug für den Oheim, und ich würde in den nächsten Tagen besonders sparsam sein.

Als die Tränen des Abschieds getrocknet waren, schritt ich kräftig aus, ich wollte die halbe Strecke auf der Straße nach Hannover schaffen.

Das Wetter war mir wohlgesonnen, und ich erreichte tatsächlich nach zwei Tagen Hannover, erkundete dort den Weg nach Friesland und kam weiter zügig Richtung Bremen voran.

So flott ich bisher ausschreiten konnte, so mühsam wurde der Weg, als ich mich Bremen näherte und durch einen dichten Wald mußte. Baumstämme lagen auf dem Weg, hier konnte schon lange keine Kutsche mehr vorbeigekommen sein.

Und als die Nacht hereinbrach, hatte ich mich total verlaufen. Böse Erinnerungen an dunkle Wälder im Harz stiegen in mir auf, aber wer hätte schon jemals von Bremer Hexen gehört. Ich nahm meinen ganzen Mut zusammen und ging weiter. Etwa fünf Augenblicke später sah ich ein schwaches Licht durch die Bäume schimmern. Beim Näherkommen erkannte ich, daß es sich um ein Fenster handeln mußte, und um ein Fenster herum steht ja nun meist ein Haus, gleichzeitig drang leise, aber doch nicht zu verkennen, ein fürchterlich schräger Gesang an mein Ohr.

Es schien sich um ein Gasthaus zu handeln, zwar mitten im Wald, abseits jeder Siedlung, und es mochten wohl stinkbesoffene Räuber sein, die dort ihr Liedchen zum Besten gaben.

Wer aber mit Hexen Erfahrung und lange Zeit Rewop ertragen hatte, der hatte keine Angst vor Räubern, die einen Humpen Bier zuviel getrunken hatten.

Schnell erreichte ich die Eingangstüre und drückte dagegen. Die Türe öffnete sich, es war kein Riegel vorhanden, der Gesang, nun fast an das Kreischen von Hexen gemahnend, war einfach nur großer Mist, genauso groß wie mein Erstaunen über das Bild, das sich mir bot, als ich die verräucherte, von Kerzen erhellte Gaststube betrat.

Hätte es damals schon Fotoapparate oder Videokameras gegeben, ich hätte glatt elf bis zwölf Filme verknipst.

Die Gaststube bestand aus einem rechteckigen Raum mit drei runden Tischen darin, um die Tische standen einfache, dreibeinige Holzschemel, in einem Regal an der Rückwand waren verschieden große Flaschen und Tonkrüge neben einigen Bechern aufgereiht, ein Fach mit einem Laib Brot war erkennbar.

An der rechten Seitenwand war ein großer Kamin in die Mauer eingelassen, in dem ein mickeriges Feuerchen vor sich hin qualmte. Der Rauch zog an die niedrige Decke der Gaststube und räucherte ein paar Schinken und Würste, die dort herabhingen. In der Ecke standen zwei große Säcke, so wie Müller sie für ihr Getreide verwenden, einer war geöffnet, und auf dem Lehmboden davor hatte sich ein kleines Häufchen Dinkel gebildet.

An der linken Wand war eine windschiefe Türe in die Wand eingelassen, die wohl in den Keller oder unter das Dach führen mochte. Direkt darüber war etwas Lehm aus der Wand geschlagen, damit der Rauch abziehen konnte.

Und an dem mittleren der Tische saßen, einem Getränk aus einem großen Tonkrug fleißig zusprechend, vier Gestalten, die die Quelle der ätzenden Kakophonie waren.

Ihr werdet meine Verwunderung verstehen, als ich erkennen mußte, daß es sich hier um keine bösen Räuber beim Kartenspielen und Saufen handelte. Nein…..um den Tisch saßen ein Hund, ein Esel, eine Katze und eine Ente bei einer lautstarken Feier.

Der Hund bemerkte mich zuerst, stieß seine Saufkumpane an, der Lärm verstummte, und alle Vier drehten sich zu mir um und musterten mich.

"Bist 'n Räuber oder was?" quakte mich die Ente an."Mit Räubern machen wir kurzen Prozeß. Das geht hier zack, zack! Sind die Ohren ab!"

"Ich bitte um Verzeihung, wenn ich gestört habe," beeilte ich mich zu antworten."Aber ich bin nur ein Wanderer auf dem Wege nach Friesland, wo ich in die Dienste eines alten Fischers treten soll. So sah ich ein Licht hier im Walde, fand eure Gaststube und hoffte auf freundliche Aufnahme für die Nacht. Ist doch recht kalt und ungemütlich draußen, und eine Mahlzeit käm mir wohl gelegen. Hab'ein wenig Geld dabei und will's auch gern zahlen."

Die Mienen der Vier wurden freundlicher und die Ente, sie schien hier das Wort zu führen, lud mich an den Tisch:"Komm ran Alter, hock dich zu uns, können bei Feiern gut 'nen Gast von weither brauchen, hast 'ne starke Geschichte drauf? Erzähl', was machste so? Was gibt's Neues in der Welt?"

Erfreut über die Einladung griff ich mir einen Hocker und setzte mich an den Tisch, Esel und Hund waren etwas zur Seite gerückt und hatten eine Lücke freigegeben.

Alle Vier schienen mir doch recht alt, beim Esel überwogen statt der grauen bereits weiße Haare, der Hund hatte einen trüben Blick und ein grottenschlechtes Gebiß, das zum Himmel stank. Daran hätten sich selbst die Harzer Hexen ein Beispiel nehmen können. Außerdem war seine rechte Vorderpfote offensichtlich gelähmt. Er hatte aber nicht die geringsten Schwierigkeiten, mit der Linken den Becher ein weiteres Mal ans Maul zu führen und dessen Inhalt in einem Schluck herunter zu stürzen.

Die Katze zeigte ein räudiges Fell und kratzte alle Augenblicke an ihren Ohren herum. Dies mußte schon länger so gehen, beide Ohren waren ausgefranst wie ein alter Teppich, und die Ohrränder zierte ein feiner Überzug aus Schorf und Eiter.

Die Ente hatte ein leicht zerzaustes Federkleid, einer der Flügel hing schlaff an ihrer Seite herab, und dennoch gestikulierte sie wie wild herum und hielt den Schnabel nur, um von Zeit zu Zeit einen Schluck zu nehmen.

Dies ist wahrlich die fröhlichste Runde, die ich seit langem gesehen habe, dachte ich so bei mir, als ich auch schon einen wohlgefüllten Becher in der Hand hatte.

Alle stießen mit mir an, auf ein langes Leben, viele Kinder, daß ich den Räubern nicht in die Hände fallen möge, Drachen und Ungeheuern immer aus dem Weg gehe könne, und überhaupt glücklich und zufrieden, aber natürlich auch reich und schön werden möge. Ich gab die guten Wünsche zurück, wir alle leerten unsere Becher und sofort wurde nachgeschenkt.

Ein ordentlicher Kanten Brot ließ ebenfalls nicht lange auf sich warten, und ich labte mich an der ersten Mahlzeit dieses Tages.

Schnell war ich gesättigt und schmöll, der Wein löste mir die Zunge, und auf Drängen der Ente erzählte ich meine Geschichte, berichtete vom Harz, der Besenbinderei, den Hexen und allen Dingen, die mir seit meiner Jugendzeit widerfahren waren.

Esel, Hund, Katze und Ente waren excellente Zuhörer, lediglich Aaahs und Ooohs, sowie einige leise hingequakte Waui-Sauis unterbrachen hin und wieder meine Erzählung, der Abend verging wie im Fluge, und als ich geendet hatte, dankten mir alle überschwenglich. Besonders die Ente konnte sich vor Begeisterung kaum bremsen, setzte sich auf meine Schulter und begann eine gnadenlose Lobhudelei.

Nun ist euer werter Erzähler gewiß empfänglich für ein Lob, aber das Rumgeschleime der Ente war doch ein wenig zuviel des Guten.

Zum Segen wünschte der Hund mit einem leicht genervten Blick auf die Ente eine gute Nacht, und diese trollte sich tatsächlich auf ihr Lager.

Auch die anderen Drei waren hoch erfreut, mal wieder ein paar Neuigkeiten gehört zu haben und dankten mir für einen wunderschönen Abend.

Schließlich käme nur selten Besuch, eigentlich hätten sie fast nie Gäste, und es sei schon ab und an etwas eintönig, immer in der gleichen Gesellschaft zusammenzusitzen.

Man nenne diesen Ort zwar Gasthaus, in Wahrheit sei es ein alter Räuberunterschlupf, aus dem man die Räuber vertrieben habe, übrigens mit diesem fürchterlichen Gesang, den ich zu Beginn unserer Zusammenkunft hatte genießen dürfen.

Man sei zwar pekunär unabhängig, man hatte ja schließlich nicht nur das Haus der Räuber vereinnahmt, sondern auch gleich noch alle Schatztruhen und Vorräte behalten. Da die Räuberbande das Weite gesucht hatte, sei dieser Wald, obschon recht finster und furchteinflößend, einer der sichersten Flecken im Bremischen. Das habe sich nur noch nicht so recht herumgesprochen, und ich möge doch auch bei meiner weiteren Wanderung auf die Gastfreundschaft, das gute Essen und fröhliche Trinken in ihrem Hause hinweisen.

Wenn ich verspräche, ein wenig die Trommel für sie zu rühren, würden sie gern auf die Bezahlung für Essen, Trinken und Unterkunft verzichten.

Ich versprach's, bekam ein Strohlager auf dem Dachboden angewiesen und fiel in einen erholsamen Schlaf.

Am nächsten Morgen gab es ein reichliches Frühstück, die Katze packte mir sogar noch ein paar Schinkenbrote für unterwegs in meinen Beutel, und fröhlich winkend verabschiedeten wir uns voneinander.

Meine Gastgeber erinnerten mich nochmals an mein Versprechen, ihren Gasthof auf meinem weiteren Wege bekannt zu machen und gaben ihrer Hoffnung Ausdruck, ich möge, wenn ich in der Gegend sei, auf jeden Fall wieder bei ihnen einkehren. Sie seien schon gespannt, wie mein Leben weiterginge. Die Fortsetzung wolle man auf keinen Fall verpassen.

"Liebe Leute", sagte ich beim Gehen," ich hoffe, mein Leben als Fischer möge in ruhigeren Bahnen verlaufen als bisher. Das ist vielleicht nicht so interessant wie Begegnungen mit Hexen und Feen, aber bestimmt für die Gesundheit zuträglicher. Und tut mir einen Gefallen, versucht euch nicht weiter als Musikanten, so mancher Gast wird von eurem Gesang vertrieben werden."

Lauthals lachend winkten mir die vier Tiere nach und meinten noch, sie wüßten schon, daß ihr Gesang nicht die reine Freude sei für menschliche Ohren, sie hätten ja schließlich bereits in Bremen als Stadtmusikanten keinen rechten Erfolg gehabt.

So ging ich meines Weges, und als die Sonne zum zweiten Mal untergehen wollte, kam eine leichte Brise auf. Frische Luft füllte meine Lungen, und ich hatte einen salzigen Geschmack auf der Zunge.

Am Abendhimmel glitten weiße Vögel dahin, ihre krächzenden Schreie hallten weit über das flache Land. Ich sah krüppelige Bäume, windschief in meine Richtung geneigt, als wollten sie mir etwas zuflüstern, und in der Ferne eine schmale Rauchfahne, die gleichmäßig in den Himmel stieg. Eine ordentliche Straße war es schon lang nicht mehr, auf der ich meinem Ziel entgegenstrebte, zwei tiefe Furchen im sandigen Boden, in denen sich hier und da Wasser gesammelt hatte, dazwischen wuchtige Abdrücke von Hufen. Mit einem Pferdewagen mochte es gehen, aber für einen Wanderer wurde das letzte Stück doch sehr mühsam.

Dennoch genoß ich die besondere Stimmung dieser Gegend, hier könnte ich leben und mich heimisch fühlen.

Im Moment, als es dunkel wurde, erreichte ich eine Kate aus lehmverschmierten Strohwänden mit einem Dach aus Reet, zwei winzigen Fenstern, die mit Sackleinen verhängt waren, und einer Tür aus rohen Brettern.

Rauch quoll aus einer Öffnung in der mir zugewandten Giebelseite, und ein fast mannshoher Haufen aus Tauen und Netzen lag mitten auf dem Weg.

Mein Klopfen an der Tür wurde mit einem undeutlichen "Kumm rin!" beantwortet. Ich trat ein und stand vor einem Männchen, das mir gerade bis zur Brust reichte, aber dafür den gewaltigsten Zinken im Gesicht hatte, den ich je gesehen hatte. Ein freundliches Gesicht mit wettergegerbter Haut und kleinen, strahlenden Augen blickte mich freundlich an.

"Na, min Jong, wat willst'n hier?"

"Geschickt hat mich die Edelgart, dir zu helfen bei deines Tages schwerer Last. Hab was gut zu machen bei ihr, hab ihr versprochen, mich um dich zu kümmern, wenn's denn dir genehm ist. Soll dir auch diesen Beutel bringen, daß du's ein wenig leichter hättest an deinem Lebensabend."

"Ach, de Edelgart is en goode Deern, hat an mi denkt, nach all die Johrens. Hock di hin, ick will di willkomm' heten."

Er streckte mir die Hand entgegen und drückte meine so kräftig, daß ich noch ein paar Tage nicht recht zupacken konnte.

Wir nahmen an einem kleinen, wackeligen Tisch Platz, jeder auf einem Schemel ohne Lehne, und er lud mich ein, sein Nachtmahl zu teilen.

Es gab ein Stück eines getrockneten Fisches, fad im Geschmack und so zäh wie meine Schuhsohlen, dazu etwas schmackhaftes Brot und frisches Wasser.

Im ganzen Raum waren Leinen unter der Decke gespannt, an denen viele dieser Fische zum Trocknen hingen, in der Mitte der Kate war eine offene Feuerstelle, auf der ein Feuer loderte, das den Raum angenehm wärmte, aber auch total verqualmte. Der Rauch zog an der Decke entlang durch den Aufgang unters Dach, auch hier nutzte man offenbar das ganze Haus als Räucherofen.

Glaubt mir, liebe Leser, selbst wenn euer geschätzter Erzähler an nach Schwefel stinkende Hexen gewöhnt war, der Geruch aus Rauch und Fisch ist, besonders wenn man mittendrin sitzt, nicht wirklich angenehm. Aber man gewöhnt sich an alles, und nach ein paar Wochen nahm ich den Gestank nicht mehr wahr, vermutlich stank ich eh schon wie ein Räucherfisch.

Zum Segen spielte sich unser Tagwerk im Freien ab, und das war ein guter Ausgleich für die alte Miefbude. Ich lernte fischen, Netze flicken, Fische ausnehmen und trocknen, mit dem Boot aufs Meer hinausfahren und navigieren, kurzum alles, was ein Fischer können muß. Der Alte und ich wurden ein richtig gutes Team, und ein ums andere Mal gab er seiner Freude Ausdruck, so eine fleißige Hilfe wie mich gefunden zu haben.

Und noch etwas anderes sollte ich lernen. Schon am ersten Abend bei meinem neuen Lehrmeister war mir ein altes, abgegriffenes Kartenspiel aufgefallen, das immer auf dem Tisch lag. In der Mitte jeder Woche erschienen bei Wind und Wetter nach Sonnenuntergang der Fischhändler und zwei benachbarte Bauern.

Und dann wurde es laut in unserer Hütte. Die Vier nahmen um den Tisch herum Platz, es kreiste ein Krug mit einem Getränk, das „Beer" genannt wurde, und sie spielten Karten, bis sie sich kaum noch auf ihren Hockern halten konnten.

Nachdem ich einige Male zugeschaut hatte, meinte ich, die Regeln des Spiels verstanden zu haben, und auf unserer nächsten morgentlichen Ausfahrt zum Fischen fragte ich den Alten, ob ich wohl in der nächste Woche mitspielen könne.

Er antwortete zunächst sehr ausweichend, setzte sich aber noch am selbigen Abend mit mir an den Tisch und begann, mir das Spiel zu erklären.

Ich begriff zügig, und als der nächste Spielabend nahte, fühlte ich ein Kribbeln in den Fingern.

Die vier Spieler hatten Platz genommen, der Alte berichtete, daß auch ich schon ein recht passabler Spieler sei und fragte seine Mitstreiter, ob ich in die Runde aufgenommen werden könne.

Mit großem Hallo und einem Krug ihres"Beeres", das übrigens ganz ausgezeichnet schmeckte – – nur wer beim Kartenspielen gewinnen möchte, sollte es bei einem Becher bewenden lassen, man sieht sonst die Karten so verschwommen – –, wurde ich in der Runde willkommen geheißen.

So wurde der Kartenabend für mich im Laufe der Zeit zum Höhepunkt der Woche, ich stand den anderen an Fertigkeit und Raffinesse auch bald in nichts mehr nach, doch hin und wieder überraschte uns der Meister mit einem derart genialen Spielzug, daß uns allen der Mund vor Staunen offen stehen blieb.

An einem ruhigen Nachmittag, wir saßen in der Sonne vor der Hütte, das Wasser war so flach, daß wir nicht ausfahren konnten, brachte ich das Gespräch auf seine überragende Spielkunst.

"Oh, Meister, ich will euch gewiß nicht zu nahe treten, aber wie kann ein Fischer aus Freisland, der doch kaum herumkommt in der Welt, es zu solcher Fertigkeit im Kartenspiele bringen. Wer hat euch unterwiesen, sagt!"

Und so erfuhr ich denn, daß der Meister nicht immer in Friesland gelebt und Fische gefangen hatte.

Als junger Mann war er, wie es Sitte von Altersher in vielen Handgewerken, mein Meister hatte eigentlich Seiler gelernt, nach seiner Lehre im Land als Wanderbursche umhergezogen, um Erfahrung zu sammeln und zu sehen, wie andere etwas herstellen.

So hatte er eines schönen Tages an die Türe des Klosters Sankt Bonifatius geklopft. Die Mönche in diesem Kloster waren weitgerühmte Hersteller von Spielkarten und wahre Meister des verschärften Mau-Mau. Hier hatte mein Meister eine gute Weile verbracht und war in die Kunst des Kartenmalens und des Mau-Mau-Spiels eingewiesen worden.

Er habe dann beim alljährlichen Wittenberger Stadt-Mau-Mau sogar den zweiten Platz gemacht, lediglich ein gewisser Herr Luther habe ihn im Endspiel schlagen können, dieser sei später allerdings vom Papst disqualifiziert und auf den letzten Platz gesetzt worden.

Als schließlich die Zeit zur Heimkehr nahte, habe er tatsächlich überlegt, ob er sich nicht Fahrensleuten anschließen und beim Spiele bleiben solle. Die Pflicht gegen seine Eltern habe ihn aber veranlaßt, nach Friesland zurückzukehren, gerade rechtzeitig, der Vater auf dem Sterbebette, die Mutter alt und gebrechlich.

Er sei in die Fußstapfen des Vaters getreten und sei seit dieser Zeit ebenfalls Fischer.

Dennoch sei er dem Mau-Mau treu geblieben und habe kurz nach seiner Rückkehr eine regelmäßige Kartenrunde ins Leben gerufen. Man spiele zwar selten auf der Höhe echter Meisterschaft, aber Spaß macht's halt, und das ist beim Spielen das Wichtigste, und man solle es ja nur nie zu ernst nehmen.

Da blieb mir doch die Spucke weg, das hätt' ich dem Alten nie zugetraut. In Gedanken entschuldigte ich mich bei meinem Meister, er war in meiner Hochachtung noch weiter gestiegen.

Wir lebten ein arbeitsreiches, aber glückliches und unbeschwertes Leben, war der Fang mal zu schlecht, so ging der Alte an seinen Beutel, und ein weiteres Goldstück sorgte dafür, daß wir den Händler bezahlen konnten, ohne uns Sorgen machen zu müssen.

Die Zeit ging ins Land, und ich ertappte mich immer wieder bei dem Gedanken, wie es wäre, als Fischer in Friesland mein Leben zu beschließen, ich hatte wahrlich keine Lust, von diesem schönen Fleckchen Erde verschwinden zu müssen.

Ihr wißt, liebe Zuhörer, immer wenn es besonderes ruhig und angenehm ist, passiert irgend etwas, und die ganzen Zukunftspläne werden durcheinander gewirbelt – – aber das macht das Leben ja so spannend.

So geschah es eines Freitags um halb drei, wir saßen wieder vor der Hütte in der Sonne und ließen den lieben Gott einen guten Mann sein, als von Ferne Hufgetrappel erscholl. Der Händler war gestern dagewesen, Kartenspielabend war ebenfalls nicht, also blickten wir gespannt, was kommen sollte.

Um was kam, gab meinem Leben wieder eine völlig neue Wendung.

Ein Reiter hielt auf unsere Hütte zu, gab sich als Bote des HDH (Herold Dienst Hannover) zu erkennen und überreichte dem Meister einen Brief, der von einem großen wächsernen Siegel zusammengehalten wurde.

"Liebe Leute", hub er an," ich habe Auftrag, diese Botschaft zu überbringen und auf Antwort zu warten. Seid so freundlich und gebt mir etwas Wasser für mich und mein Pferd, und wenn ihr ein Stück trockenen Brotes für mich hättet, so würd´ ich mich gern zu euch gesellen."

"Jo, jo", murmelte der Alte, nahm den Brief und verzog sich in die Hütte.

Ich brachte dem Boten einen Eimer Wasser und ein Stück Brot, nahm mit ihm auf der Bank vor dem Haus Platz und fragte, was es so Neues gäbe auf der Welt. Er käme als Bote gewiß viel umher und kenne alle möglichen Leute und Gegenden.

Wir hatten eine gute Weile getratscht, als der Meister aus der Hütte trat und den Brief, nun mit gebrochenem Siegel, an den Boten zurück gab.

Dieser schwang sich schleunigst auf sein Pferd und war nach kurzer Zeit am Horizont verschwunden.

Vom Inhalt des Briefes sollte ich vorerst nichts erfahren. Der Meister schwieg eisern, obschon mir die Neugier ins Gesicht geschrieben stand.

Es war der Abend unserer Kartenrunde, von irgendwoher hatte der Meister eine Flasche auf den Tisch gezaubert, und daß er Trinkgläser besaß, war mir auch neu. Sollte ein Geburtstag gefeiert werden, oder was war los?

Schnell war unsere Runde vollzählig, aber statt Karten zu verteilen, schenkte der Meister jedem ein Glas Wein ein, stieß mit uns an - "Op die Koartns" – und erklärte, er habe ein Brief von Papst Rodolpho dem Unvorteilhaften erhalten, worin dieser ihn, Fischer und Mau-Mau Meister aus alten Tagen, zum weltgrößten Mau-Mau Turnier in seine Privatgemächer in Rom einlade. Dies sei gewiß eine große Ehre und die erstrebenswerteste Auszeichnung, die sich ein Mau-Mau Spieler denken könne, er sei aber in einem Alter, wo die Strapazen der Reise doch zu groß seien. Er wolle sein Alter am Meer genießen und nicht mehr Gefahr laufen, beraubt oder gemeuchelt zu werden.

Diese Last müßten jüngere Schultern tragen. Der Papst habe von ihm eine Zusage erhalten, daß er, der Meister, seinen jungen Eleven zum Turnier entsenden würde. Dieser sei ihm an Spielkunst ebenbürtig und könne die Farben Frieslands auch allein vertreten. Das Turnier begünne in sieben Monaten, und er würde dafür sorgen, daß ich rechtzeitig auf dem Wege wäre.

Als der Alte seinen Vortrag beendet hatte, so lange hatte er noch nie in einem Stück gesprochen, starrten wir ihn mit erstaunten Gesichtern an.

Mir zitterten die Knie vor Aufregung, ich wußte nur noch nicht, ob ich mich nun mehr freuen oder mehr fürchten sollte. Wie hatte er sich das gedacht? Ich ganz allein auf dem Wege nach Rom, ich hätte zwar sieben Monate Zeit, aber auf so einer langen Reise lauerten viele Gefahren und

Unwägbarkeiten. Ich beherrschte die italienische Sprache nicht, vom Latein im Vatikan ganz zu schweigen, und was sollte so eine Reise kosten?

Ich riß mich von meinen Gedanken los und bemerkte, daß die anderen einen wilden Diskurs führten. Jeder wußte am besten, wie es zu machen sei, jeder hatte Ratschläge für mich parat, jeder wollte mir noch den ultimativen Mau-Mau Trick verraten…... Jeder wünschte mir viel, viel Glück.

Die Tage der Reisevorbereitungen vergingen wie im Fluge. Gefischt wurde kaum noch, immer wieder saßen wir zusammen, um Karten zu spielen. Mein Meister zeigte mir tatsächlich alles, was er über Mau-Mau wußte.

Und dann kam der Tag, als er mir nichts Neues mehr beibringen konnte. Ich schnürte mein Büdel, erhielt etwas Verpflegung, etwas Geld und, natürlich, ein Kartenspiel. Das Lieblingsblatt des Alten sollte mich nach Rom zum Papst begleiten.

Die vier Mau-Mau Experten waren zum Abschied angetreten, ihre besten Wünsche sollten mich begleiten, und alle hofften auf meine gesunde und erfolgreiche Wiederkehr.

Würde ich sie jemals wieder sehen, was sollte die Zukunft bringen?

Ich machte mich auf Richtung Hannover, den Weg kannte ich ja nun, und als ich Bremen hinter mir gelassen hatte, kehrte ich selbstverständlich bei meinen Freunden in ihrem Waldgasthof ein, um für die Nacht ein sicheres und warmes Plätzchen zu finden.

Esel, Hund, Katze und Ente, alle freuten sich sehr, mich zu sehen, viele Gäste fanden noch immer nicht den Weg zu ihnen, und ich mußte gestehen, daß ich nichts dazu beigetragen hatte, sie bekannt zu machen.

Mit großem Interesse hörten sie den Fortgang meiner Lebensgeschichte, und alle waren baß erstaunt, als ich von meinen Plänen erzählte. Auch sie versicherten, mir mit aller Kraft die Daumen drücken zu wollen – – wie will 'ne Ente und 'n Esel wohl die Daumen drücken?? Aber egal, die gute Absicht zählt.

Schließlich fragten sie, ob ich neben den Farben Frieslands nicht auch ihren Gasthof beim Turnier in Rom vertreten könne. Ich hatte nichts dagegen, mir einen kleinen bunten Wimpel, den der Hund gehäkelt hatte, an den Ärmel meiner Joppe zu heften.

Es war ein netter Abend, ich schlief phantastisch, und beim Abschied steckte mir die Katze heimlich noch ein paar Goldmünzen zu."Wirst's brauchen können, Kutschen, Gasthöfe, Zollstellen, alles kostet Geld heutzutage, umsonst ist nur der Tod."

Die weitere Wanderung verlief zum Segen ereignislos und in Hannover angekommen, fragte ich mich durch bis zum Gildenhaus der Fuhrleute. Hier könnte ich wohl ein Fuhrwerk bekommen, das in den Süden ging.

Ich hatte Glück, in zwei Tagen sollte eine Kutsche nach München abgehen, das wäre dann schon ein gewaltiges Stück des Weges in die richtige Richtung.

Der Gildenmeister und ich wurden uns schnell einig über den Fahrpreis, der allerdings meine Geldreserven ordentlich schrumpfen ließ, und er hieß mich, in zwei Tagen bei Sonnenaufgang an Ort und Stelle zu sein.

Der Gasthof „Zum Ambösschen" wollte mich zwei Tage beherbergen, und ich ließ mich dort in der Gaststube nieder, um ordentlich zu schmausen.

Es schienen nicht sonderlich viele Gäste in Hannover zu weilen, der Raum war fast leer, und der Wirt hatte nicht viel zu tun.

Nach einer Weile setzte er sich zu mir und begann, mich in ein Gespräch zu verwickeln. Wo ich herkäme, wo ich hinwolle, was ich vorhätte.

Geduldig gab ich ihm Auskunft, und auch hier sah ich Begeisterung aufblitzen, als ich das Turnier in Rom erwähnte.

"Oh größter Mau-Mau Spieler aller Zeiten, wäre es wohl vermessen, dich zu bitten, die Farben meines Gasthauses und unseres Städtchens bei diesem Spiel aller Spiele zu tragen?"

Er sah mich zweifelnd dreinblicken, ich sollte doch schon Friesland und meine Freunde aus Bremen vertreten.

"Sieh was ich hier habe", drängte er mich." Ein wohlgefülltes Beutelchen, will dir die Reise wohl bezahlen".

"Oki-doki und gebongt", ich gab ihm die Hand drauf, steckte den Geldbeutel in meinen Gürtel und war eigentlich recht stolz, daß so viele sich mit meinen Mau-Mau Kenntnissen schmücken wollten.

Ein Laufbursche wurde nach dem Schneider geschickt, dieser erschien sofort in der Gaststube und fragte nach unserem Begehr.

"Oh Schneider, mache er uns schleunigst ein Abzeichen mit dem Stadtwappen von Hannover und ein Abzeichen mit dem Wappenschild von meinem Ambösschen", wies der Wirt den Schneider an," und nähe er sie an die Joppe von diesem Burschen hier!"

"Warum dies, oh Wirt?" konnte sich der Schneider zu fragen nicht verkneifen, und so mußte ich meine Geschichte nochmals zu Gehör bringen. Auch diesmal begleiteten mich viele Aahs und Oohs, nicht nur vom Schneider, sondern auch von einigen Gästen, die nun zum Abend hin die Gaststube bevölkerten.

Der Schneider versprach, alle Arbeit stehen und liegen zu lassen, sich nur um meine neuen Abzeichen zu kümmern und verschwand in seine Werkstatt.

Im Gasthaus wurde es immer fröhlicher, jeder wollte mir auf die Schulter klopfen und mir ein Bier ausgeben, aber nach der dritten Runde machte ich Schluß, hatte ich an diesem Tage doch noch nicht trainiert.

Es wurden flugs ein paar des Kartenspielens Kundige herbeigeholt, aber mehr als eine Aufwärmrunde sprang nicht für mich heraus. Die besten Mau-Mau Spieler Hannovers waren doch arg schlecht.

Als der Stadtwächter zur Mitternacht rief, zerstreuten sich alle, und ich konnte auf meine Kammer gehen und endlich schlafen.

Der folgende Tag verging mit ein paar Runden Mau-Mau, gutem Essen und interessanten Gesprächen wie im Fluge. Am Abend brachte der Schneider meine Jacke. Auf dem Rücken prangte tellergroß das hannöversche Stadtwappen, am linken Ärmel, etwas kleiner, das gestickte Wappen des Gasthauses „Zum Ambösschen", und am Ellenbogen, als Ärmelschoner, ein roter Samtflicken, auf den in schönster Schrift mit gelbem Garn"Kauf bei Schneider Martin in Hannover – nur da alles, was der feine Herr und die feine Dame brauchen" gestickt war.

Ich war platt, hatte der sich nun auch noch auf meiner Jacke verewigt, die inzwischen wie ein bunter Flickenteppich auszusehen begann.

Bevor ich etwas sagen konnte, zog er mich zu Seite und drückte mir einen wohl gefüllten Geldbeutel in die Hand.

Meine Reisekosten sollte ich nun wohl zusammen haben, dachte ich bei mir, und mir kam der Gedanke, daß es ein recht einträgliches Geschäft sei, die Wappen und Wimpel anderer Leute auf seiner Jacke spazieren zu tragen. Vielleicht ergäben sich weitere Gelegenheiten – noch war Platz auf meiner Jacke, an meine Hose hatte ich noch überhaupt nicht gedacht, und auch meine Kappe war noch unberührt – die Geschichte noch ein wenig auszubauen und als wohlhabender Mann von dieser Reise zurückzukehren.

Ich verlebte wiederum einen netten Abend bei meinen Wirtsleuten, die Hannöverschen waren schon ein gastfreundliches Volk, hatte eine ruhige Nacht, und wurde, es war noch stockdunkel, rechtzeitig geweckt. Rasch hatte ich mein Bündel geschnürt, und beste Wünsche begleiteten mich in den frühen Morgen.

Am Gildenhaus stand ein Vierspänner bereit, die Pferde scharrten ungeduldig auf dem Pflaster. Ich stellte mich dem Kutscher und den Mitreisenden vor und bekam einen Platz auf der Rückbank angewiesen. Mit dem ersten Strahl der Sonne knallte ein Peitschenhieb durch die enge Gasse, und unser Gefährt setzte sich ruckend und schwankend in Bewegung.

Ihr werdet jetzt denken:"Man-o-man, sackstark, eine Kutschfahrt", aber liebe Zuhörer, stellt euch das nicht so einfach vor. Heute, bequem in der Bahn oder im Auto auf glatter Asphaltstraße unterwegs, da macht Reisen wirklich Spaß.

Damals war das Reisen in einer Kutsche eine echte Tortur. Man saß auf einer ungepolsterten Holzbank, in den Städten auf Pflaster ruckelte es nur, über Land aber, auf schlammigen und steinigen Wegen wurde man in dem Gefährt hin und her geschleudert, stieß mal mit dem Kopf an die Decke – wohl dem, der eine Kappe trug – krachte mit dem Hinterteil auf die Bank oder wurde gegen seine Mitreisenden geschleudert.

Warum, werdet ihr zu Recht fragen, fährt der dann Kutsche, wenn's so ätzend ist?

Es war halt die schnellste Möglichkeit, voranzukommen, nach Rom zu wandern hätt´ zu lange gedauert, außerdem war man in einer Reisegesellschaft immer sicherer als ganz allein.

So brachten wir dann auch schon am ersten Tage ein gutes Stück des Weges hinter uns.

Regelmäßige Pausen, die Pferde mußten schließlich getränkt werden und verschnaufen, nutzten wir, um sofort die Kutsche zu verlassen und uns die Beine zu vertreten.

Hier ergab sich auch die Gelegenheit, mich mit meinen Leidensgenossen bekannt zu machen, und bei so manchem Schnack erfuhr ich die eine oder andere Neuigkeit.

Der Nachts machten wir Rast in mehr oder weniger guten Gasthäusern, wer noch über etwas Geld verfügte, und hier war ich ja bestens ausgestattet, nahm eine Kammer mit Strohsack, ein Abendessen und ein Bier, wer abgebrannt war mußte bei den Pferden schlafen, bei Wasser und einem Stück trockenen Brotes, das der Kutscher ausreichend mitführte.

Unsere Köpfe waren immer zerbeulter, unsere Hintern blau geschunden, die Menschen in den Gasthöfen redeten immer merkwürdiger – es sollte schon noch Deutsch sein, was hier gesprochen wurde, war aber kaum mit der mir bekannten Sprechweise zu vergleichen.

Wir waren im Süden angelangt, bis München sollte es nur noch eine Tagestour sein, und wir fuhren gerade durch einen dunkelen Wald, der mich an die Bremer Gegend erinnerte, als unsere Kutsche halt machen mußte. Ein gewaltiger Baumstamm versperrte den Weg. An den Seiten war kein Durchkommen möglich, zum Wenden war der Weg zu schmal. Unsere Reise schien vorerst beendet.

Wir verließen, nichts Böses ahnend die Kutsche……und waren im selben Augenblicke von einer Schar finster dreinblickender Gestalten umringt. Es mochten wohl ein gutes Dutzend sein, Männlein und Weiblein waren nicht zu unterscheiden, sie standen vor Dreck, in Lumpen gehüllt, Eichenholzknüttel schwingend und versuchten, uns böse anzustarren.

Ich wußte nicht so recht, ob mich der Anblick dieser traurigen Gestalten eher das Fürchten lehren oder in schallendes Gelächter ausbrechen lassen sollte.

Mit dem Lachen hatte es sich dann aber schnell erledigt, die ganze Truppe kam näher, zog jedem von uns einen kräftigen Hieb mit dem Knüppel über, so daß wir um Gnade winselnd im Matsch zu liegen kamen. Sie rissen uns die Kleider vom Leib, durchwühlten die Kutsche und brachten alles an sich, was irgendwie zu brauchen war.

Als die Räuberschar genügend über die reiche Beute gestaunt, meine Geldbeutel waren ihnen selbstredend in die Hände gefallen, und auch unsere Kleidung unter sich aufgeteilt hatte, fingen sie an zu überlegen, was sie mit uns machen sollten.

"Halsabschneide!"

"Bauch uffschlitze!"

"Liege lasse!"

Sollte hier nicht nur unsere Fahrt, sollte hier auch unser Leben enden?

Nun übernahm eine der Gestalten das Wort, es mußte der Anführer der Bande sein, und bestimmte, die Gefangenen seien erst einmal zum Lagerplatz mitzunehmen.

Barfuß und ohne Kleidung durch dichtes Unterholz, schon nach wenigen Schritten waren wir am ganzen Körper zerschunden, stehen bleiben oder langsamer gehen konnten wir nicht, ein dezenter Keulenhieb machte uns sofort wieder Beine.

Schließlich erreichten wir das Lager der Räuber. Auf einer Lichtung brannte ein Feuer, um das ein paar schiefe Hütten aufgereiht waren. Aus unbehauenen Ästen, ohne Fenster, wie ein Dach geformt, die dem Feuer zugewandte Giebelseite stand offen, der andere Giebel war mit einem Sack verhängt.

Mit großem Hallo wurden wir von weiteren Mitgliedern dieser feinen Gesellschaft begrüßt, der ganze Haufen schien aus drei dutzend Mitgliedern zu bestehen, und sogar ein paar Kinder verschiedenen Alters liefen zwischen den Hütten umher.

Wir mußten uns auf dem Platz vor der größten Hütte auf den nackten Boden setzen, zum Glück nahe dem Feuer, auf daß wir nicht mehr allzu arg froren.

Mit viel Gelärm und Streit ging es nun ans Verteilen von Beutestücken an die Daheimgebliebenen. Es war augenfällig, daß bereits der größte Teil des Geldes in den Taschen des Wortführeres verschwunden war.

Auch mein Bündel hatte er sich angeeignet, ohne seinen Kumpanen den Inhalt zu zeigen. Er verschwand in der Hütte, in die wir Einblick hatten und begann, meine Sachen auszupacken und durchzuwühlen. Es tat mit in der Seele weh, diesen Widerling mit seinen Dreckspfoten in meinen Sachen herumfummeln zu sehen. Ich hätte aber alles drangegeben, wenn ich mit meinen Reisegefährten von hier hätte verschwinden können. Bei dem im Lager herrschenden Trubel achtete zwar kein Mensch auf uns, aber in unserer Verfassung, ohne Schuhe, ohne Umhang, ohne zu wissen, wo wir eigentlich waren, wären wir wohl nicht weit gekommen.

Die Räuber kannten den Wald sicher wie ihre Westentasche und hätten uns unschwer wieder eingefangen.

Wieviel Zeit vergangen war, vermag ich nicht zu sagen, mein Sitznachbar war trotz der ungemütlichen Lage sogar eingeschlummert. Auch meine Gedanken begannen abzuschweifen, als ein verwunderter Ausruf des Anführers meine Aufmerksamkeit erregte: "Mau-Mau Koarten!"

Er sprang auf, meine Kartenspiele in der Hand, und kam auf uns zu. Ob es jemanden in unserer Gruppe gäbe, der Mau-Mau spiele? Er, Heino der Halbkluge, berühmtester und gefürchtetster Räuber im Umkreis von zwei Tagesreisen, sei auch bekannt als einer der phantastischsten Mau-Mau Spieler dieser schweren Zeiten. Da er es bei seinen Freunden nur mit Ignoranten, Saufbolden und Schlägern zu tun habe, er sich wegen seines Berufes in umliegenden Städten leider nicht mehr blicken lassen könne, habe er seit vielen Jahren keine richtig gute Partie Mau-Mau mehr gespielt.

Der Mau-Mau Kundige unter uns möge sich zu erkennen geben und mit ihm einen Mau-Mau Abend verbringen. Wenn ihn das Spiel zufriedenstelle, würde er überlegen, seinem Mitspieler das Leben zu schenken.

Ein zarter Hoffnungsschimmer durchflutete mich. Sollte sich hier die Möglichkeit ergeben, mich und vielleicht auch meine Mitreisenden vor finsterer Zukunft zu bewahren?

"Ich bin es, den ihr suchet, oh gewaltiger Heino der Halbkluge. Ich wurde unterwiesen in der Kunst des Mau-Mau Spieles über viele Monde. Als wir euch begegneten, war ich auf dem Wege nach der Stadt Rom, um an dem Turniere der Mau-Mau Spieler aus aller Welt teilzunehmen. Es wird mir eine besondere Ehre sein, eine Lektion vom hervorragendsten Mau-Mau Spieler dieser Zeiten zu erhalten. Erlaubt mir denn, mich zu euch zu gesellen, auf daß die Karten sprechen mögen."

Sein Gesichtsausdruck war bei meiner kleinen Ansprache ein wenig freundlicher geworden, hier mußte der Hebel also angesetzt werden, Heino war empfänglich für Schmeicheleien und hielt sich selbst für eine wahre Koryphäe des Mau-Mau.

Ich schmierte ihm weiter Honig ums Maul, erklärte, wie froh ich doch sei, gerade von ihm überfallen worden zu sein. Welch glückliche Fügung es sei, daß mein unwürdiger Fuß sein wunderschönes Lager betreten hätte, um hier spielen zu dürfen. Welch gewaltige Lehren ich aus einer Zusammenkunft mit ihm ziehen könne. Wie sehr dieses Geschehnis meine Chancen in Rom verbessern würden.

Und wenn ich dort gewönne, so sei es nur ihm zu verdanken, und ich würde ihn lobhudeln bis an das Ende meiner Karriere.

Noch immer umspielte ein Lächeln seine Lippen, ich war offensichtlich auf dem rechten Weg, und als ich versprach beim Papst in seinem und seiner Spießgesellen Namen aufzutreten, gab es kein Halten mehr für ihn. Ein paar laut gebrüllte Kommandos, und ich hatte meine Kleidung zurück. Die Widerlinge mußten sich noch immer darum gestritten haben, noch niemand hatte sie angezogen und sie stanken nicht allzu sehr. Ich hätte sie aber auch angezogen, wenn man sie im Schlamm gebadet hätte, bekleidet einem Räuberhauptmann gegenüber zu stehen ist einfach angenehmer als nackt im Dreck zu sitzen.

Er führte mich in seine Hütte, und mit einer einladenden Geste, die hier an diesem Ort einfach nur lächerlich wirkte, bot er mir einen Platz auf einer Strohmatte an, die neben einem niedrigen Tisch, welcher aus ungehobelten Planken gezimmert war, die einzige Einrichtung dieser Wohnstatt war.

Im Schein einer funzeligen Lampe, die mit ranzigem Talg betrieben wurde und den Raum in stinkenden Dunst hüllte, begann Heino, die Karten auszuteilen.

"Oh Heino der Halbkluge, seid so gnädig, und laßt uns drei Spiele machen zur Probe, habe ich doch noch nie mit einem Meister deines Könnens gespielt und bin recht verwirrt, ob ich deiner Spielkunst standhalten kann."

Heino hörte auch diese Worte mit Wohlgefallen. Wir spielten tatsächlich zunächst drei Spiele, ohne uns über den Einsatz geeinigt zu haben.

Schnell wurde mir klar, daß Heino der Halbkluge nicht so dämlich war, wie ich gehofft hatte. Er reichte zwar nicht ganz an die Meisterschaft von Edelgarts Oheim heran, auf die leichte Schulter nehmen durfte ich ihn aber keineswegs.

Nach der Einspielrunde einigten wir uns auf drei Spiele, wer zwei davon für sich entscheiden könne, sei der Sieger.

Was ich im Falle meines Sieges von ihm bekommen wollte, war klar, so forderte ich freien Abzug für mich und meine Gefährten, sowie die Rückgabe aller gestohlener Sachen, die uns gehörten, zusätzlich möge man noch den Baumstamm von unserem Wege entfernen.

Der gesamten Räuberbande, unser Tisch wurde inzwischen dicht belagert, alle wollten das Spiel mit ansehen, stand vor Staunen der Mund offen ob meiner dreisten Forderungen. Nachdem die ersten die Fassung zurück erlangt hatten, gab es wütendes Protestgeheule und wilde Beschimpfungen in meine Richtung. Heino wurde gar aufgefordert, mich an Ort und Stelle um einen Kopf kürzer zu machen.

Ein kräftiger Schwinger seiner Keule über den Kopf brachte sofort alle zum Verstummen, und er fragte mit einem hinterhältigen Unterton in der Stimme ob es in seiner Bande etwa jemanden gäbe, der befürchten würde, er, Heino der Halbkluge, reisender Räuber, wildester Mau-Mau Spieler von Teufels Gnaden, könne gegen so ein jämmerliches Bürschlein aus dem Norden wirklich verlieren?

Wenn es so jemanden gäbe, möge er vortreten, er, Heino, würde ihn höchst persönlich und auf der Stelle vom Leben zum Tod befördern.

Prompt trat wieder Stille ein, und, wohl auch um zu zeigen, wer hier das Sagen hätte, meine Forderungen wurden von Heino akzeptiert.

Er fuhr fort, hämisch grinsend, was denn nun sei, wenn er gegen alle Erwartung, aber doch nicht unmöglich, das Spiel gewinnen würde.

Er fände, es sei ein angemessenes Gegenangebot, wenn ich darum spielen würde, im Falle seines Sieges für den Rest meines Lebens sein Sklave sein zu dürfen. Er wünsche sich schon länger eine persönliche Betreuung, außerdem hätte er dann einen regelmäßigen Mitspieler. Der Rest unserer Reisegruppe sei am nächsten Baum aufzuknüpfen, mit den Wertsachen würde verfahren, wie bei Räubers halt so Sitte.

War ich vor nicht einer halben Weile noch recht zuversichtlich gewesen, Heino übertölpeln und uns alle retten zu können, überwog nun ein mulmiges Gefühl. Mein Magen krampfte sich zusammen, meine Stimme versagte den Dienst, ich war in Schweiß gebadet, obschon es keineswegs zu warm war.

Erwartungsvoll starrten mich alle an, ich war zu keiner Antwort fähig, nie zuvor im Leben sollte ich derartige Verantwortung übernehmen.

Ich hatte den Mund wohl doch etwas zu voll genommen und begann, mit Heino zu handeln: "Höre, großer Heino, laß uns noch einmal......."

Seine Faust krachte auf den Tisch. Hier werde überhaupt nicht mehr verhandelt, giftete er. Ich könne das Angebot annehmen, oder er und seine Kumpanen würden sofort zur Tat schreiten. Kräftige Bäume gebe es zuhauf, und Mau-Mau spielen könne er dann, mit mir als seinem Sklaven, sowieso jeden Abend.

Widerstrebend willigte ich ein:"Mit Gottes Hilfe, ja. Laß uns das zweite Spiel benutzen, oh Heino. Es sind neue Karten, und dieser Gelegenheit wahrhaft angemessen."

Ich sandte ein weiteres Stoßgebet gen Himmel, packte die Karten aus und verteilte zum ersten Spiel.

Ich gewann knapp mit einer Karte weniger, was von Heino und den Zuschauern mit grimmigen Mienen quittiert wurde.

Das zweite Spiel gewann Heino mit großem Vorsprung, ich hatte noch sechs Karten auf der Hand, als er die letzte ablegen konnte.

Nun mußten die Karten zu dritten und entscheidenden Spiel ausgeteilt werden.

"Oh Heino, dieses wird das entscheidende Spiel, laß es uns nach den Regeln des verschärften Mau-Mau begehen, auf daß noch unsere Enkel und Urenkel diesen Tag in ihren Liedern besingen mögen."

Nach dem zweiten Spiel wieder siegessicher, stimmte er ohne zu überlegen zu.

Jeder hatte seine sieben Karten auf der Hand, die Schlacht sollte beginnen. Das Spiel tobte hin und her, keiner von uns beiden konnte einen deutlichen Vorsprung gewinnen. Als ich, nur noch eine Karte auf der Hand und den Sieg schon vor Augen, erneut zwei mal zwei Karten aufnehmen mußte, war Heino auf der Gewinnerstraße. Seine vorletzte Karte war erneut eine Sieben, noch zwei Karten mehr für mich. Sieben Karten zu einer, wie sollte ich das Spiel noch umbiegen?

Im Angesicht des nahenden Spielendes zu Heinos Gunsten kam bereits Feierstimmung auf bei allen Umstehenden.

Waren wir dem Untergang geweiht? Gab es noch Hoffnung auf Rettung?

Ich spielte eine letzte Karte und erklärte das Spiel für beendet und gewonnen.

Wenn ihr doch nur dabei gewesen wäret, liebe Zuhörer, ein ähnlich blödes Gesicht wie das von Heino ist kaum vorstellbar. Am liebsten hätte ich laut losgelacht. Nur Heino war, nachdem er den ersten Schreck überwunden hatte, nicht in der Stimmung, mein Gelächter zu erdulden.

Er verstand die Welt nicht mehr. Er fühlte sich als Sieger und hatte keine Erklärung für mein Verhalten. Abwechselnd starrte er mich und die letzte, von mir gespielte Karte an……eine Karo zwölf.

Die immer noch herrschende Sprachlosigkeit aller anderen nutzend, erklärte ich, im Jahre 1489 habe Papst Bernhard der Zweifelhafte eine Bulle mit einer Neufassung des Regelwerkes für verschärftest Mau-Mau herausgegeben. Diese Regeln seien von führenden Mau-Mau Experten auf aller Welt anerkannt und hoch geachtet, daher müssten sie selbstredend auch hier und heute und immerdar zur Anwendung gelangen. Dort sei festgelegt: Karo zwölf auf Sieben beendet und gewinnt das Spiel.

Nun hub ein gewaltiges Jaulen und Zähneknirschen an. Heino und seine Spießgesellen waren schier außer sich, beruhigten sich aber nach kurzer Zeit und zogen sich zur Beratung zurück.

Um uns, oh Wunder, nach einiger Zeit mitzuteilen, Heino sei schließlich Ehrenmann und korrekter Spieler, er erkenne meinen Sieg vorbehaltlos an, wir bekämen unser Eigentum ausgehändigt und könnten unbehelligt unserer Wege gehn. Doch bevor wir das Lager verlassen könnten, möge ich doch nochmals in Heinos Hütte kommen, dieser habe etwas mit mir zu besprechen.

Mit mulmigem Gefühl kam ich der Aufforderung nach und wurde in Heinos Unterschlupf gebeten – jawohl lieber Leser, gebeten – Platz zu nehmen, und Heino beugte sich zu mir herüber, um mich in halb schmeichlerischem, halb drohendem Ton an meine Zusage zu erinnern, seine Farben in Rom zu vertreten.

Nachdem ich mein Versprechen erneuert hatte, wurden meine Reisegefährten und ich zu unserer Kutsche zurückgeführt, unserer Hab und Gut, wenn auch zum Teil total verschmutzt, hatten wir zurück erhalten.

Wir konnten unsere Reise fortsetzen und keiner von uns sollte sich jemals wieder über zu harte Kutschbänke beschweren, nach unseren Erlebnissen bei Heino und seinen Kumpanen erschien uns die rollende Kutsche wie ein Geschenk des Himmels.

Wir erreichten München nach einer weiteren Tagesreise. Eine Woche später konnte ich mich einem Eseltreck anschließen, der mich über die Alpen nach Italien führen sollte. Als altem Harzer waren mir die Berge wohlvertraut, und die Alpen in ihrer majestätischen Pracht zogen mich in ihren Bann. Von den Eindrücken dieses Reiseabschnitts soll vielleicht in einem weiteren Bericht die Rede sein, hier nur so viel: wir erreichten ohne große Probleme Italien, wo ich in Campo de la Pasta einige Wochen auf den Makkaronifeldern von Don Linguine arbeiten mußte, um die Weiterfahrt zu finanzieren, meine Goldreserven waren durch gierige Zöllner und betrügerische Gastwirte leider arg zusammengeschmolzen.

Trotz solch kleiner Widrigkeiten kam ich meinem Ziel näher und irgendwann lag sie vor mir, die Stadt Rom, Austragungsort des größten Mau-Mau Turniers aller Zeiten.

Zweites Buch: In Rom

Mein erster Blick fiel auf Rom, was für ein Schock. Hatte ich doch eine prachtvolle Stadt erwartet, glänzende Kuppeln in der Abendsonne, herrliche Gärten, die Schönheit, die man von der Hauptstadt des Christentums erwarten mochte auf den sieben Hügeln: Kapitol, Quirinal, Viminal, Equilin, Aventin, Caelius und Palatin.

Das Zentrum der Stadt war eine einzige riesige Baustelle umgeben von ärmlichen Hütten, verschmutzte Tagelöhner bevölkerten die Stadt, bei ihrem geschäftigen Treiben Bächen aus Unrat und stinkenden Pfützen ausweichend.

Später sollte ich von einem meiner Mitspieler erfahren, daß Rom kürzlich so gegen 3, zur besten Mittagsstundenzeit, von Landsknechten Karls V. geplündert und vollkommen zerstört worden sei, der derzeitige Papst Rodolpho der Unvorteilhafte aber daran arbeite, die Stadt wieder aufzubauen und in neuem Glanze erstrahlen zu lassen. So seien die Kirche San Pietro in Vincoli, in der die Ausscheidungswettbewerbe stattfinden, und die Sixtinische Kapelle, Austragungsort der Endrunde, trotz der noch nicht beendeten Malerarbeiten soweit hergerichtet, daß es würdige Spielstätten abgeben sollten.

Ich wühlte mich durch die Menschenmengen, immer einen Blick am Boden, wer möchte schon in einem Hunde- oder Katzenkadaver oder noch unaussprechlicheren Dingen ausrutschen, und näherte mich dem Petersdom. Hier sollte das erste Treffen aller geladener Spieler stattfinden. Auch dieses Bauwerk war noch nicht zur Gänze fertig gestellt, seine Größe aber auch in diesem Zustand beeindruckend, besonders für jemanden, der im Harz in kleinen Hütten zu Hause gewesen war.

Auf dem Vorplatz des Doms war auf allen Flächen, die nicht mit Baumaterial verstellt waren, eine weitere Stadt aus Marktständen und Buden entstanden, bei weitem nicht so farbenfroh wie der Hexenjahrmarkt auf dem

Brocken, aber Geschrei und Herumgerenne der Marktbeschicker konnten es leicht mit dem Getöse der Hexen aufnehmen. Hier gab es alles, was zu einem Markt dazu gehört, Essen, Getränke, Leinen- und Lederwaren verschiedensten Aussehens und unterschiedlicher Herkunft, besonders viele Stände aber boten Kräuter, Gewürze, seltsame Pülverchen und Tränke an. Auf meine Nachfrage hin erfuhr ich, daß es sich im wesentlichen um Wundermittel zu Steigerung der eigenen Spielstärke sowie Behinderung des Denkvermögens der Gegenspieler handeln würde. Das Gedränge an gerade diesen Marktständen war gewaltig, den Verkäufern wurden ihre Waren buchstäblich aus der Hand gerissen, und fast alle Käufer trugen Mönchskutten, hin und wieder war sogar ein Kardinal im vollen Ornat zu sehen.

Ich drängte weiter durch die Menschenmenge, ganz gefangen von der Atmosphäre, sodaß ich zunächst nicht bemerkte, wie jemand an meinem Ärmel zupfte und mir etwas ins Ohr zischte. Beim Umdrehen blickte ich in ein merkwürdig verschwommens Gesicht unter einer wilden, zerzausten Mähne, das sofort alte Erinnerungen und Ängste in mir weckte.

Ich kannte diese Frau, sie mußte zu den Hexen gehören, die am Vorabend der Walpurgisnacht auf dem Brocken meine Werkbank bestürmt hatte. Am liebsten wäre ich auf der Stelle getürmt, meine Erfahrungen mit Hexen waren ja durchaus zweifelhafter Natur, aber sie hatte ihre klauenartigen Finger inzwischen so fest in meinen Oberam geschlagen, daß ich nicht mehr vorwärts kam, ohne sie mit mir zu schleifen. Mehr der Not als der Vernunft gehorchend drehte ich mich gänzlich zu ihr um und fragte, was sie wolle.

Mit etwas Mühe gelang es mir, aus ihrem wirren Gesabbere schlau zu werden. Sie arbeite hier als Wahrsagerin, sie sei schließlich eine der besten ihrer Zunft und wolle mir gerne etwas zum kommenden Spielverlauf mitteilen. Höchste Würdenträger des Klerus seien ihre besten Kunden, und ich sei Hexen doch nun wahrlich gewöhnt, und sie könne überhaupt nicht verstehen, warum ich mich so zieren würden.

Nach einigem Hin und Her hatte sie mich endlich in ein kleines Zelt gezerrt, das in der winzigen Lücke zwischen zwei Marktständen aufgebaut war. Sie stieß mich auf einen Schemel, nahm selbst auf einem Kissen Platz, zwischen uns ein kleines Tischchen, eingehüllt in dunkelblaue Tücher, darauf eine Kristallkugel, und blickte mir tief in die Augen.

Trotz aufkommender Panik mußte ich diesem Blick standhalten, konnte meinen Kopf nicht abwenden. Ich fühlte, wie ich mich in diesen Augen verlor, ich war dabei, in ihnen zu ertrinken. Erinnerungen an meine furchtbare Zeit als Mohrrübe durchfluteten mein adrenalingetränktes Gehirn, und ich erwartete die Vollendung des Fluchs der Oberhexe.

Sollte es doch noch zur vollständigen Zerstörung meiner Person kommen, sollten sich die schwärzesten Stunden meines Lebens wiederholen, sollte meine Geschichte hier, in diesem Zelt einer Brockenhexe enden?

Auch dir, geneigtem Leser zittern nun gewiß die Knie, rutscht das Herz in Hosen und noch viel tiefer, ergreifen finstere Gedanken dein Hirn.

Doch ich stürzte nicht in Verderben und bodenlose Schwärze, ich gewahrte ein zauberhaftes Licht in der Tiefe dieser Augen, ich wurde durchflutet von einer Welle der Wärme und Zuversicht, und mir wurde ein Blick in die Zukunft gewährt. Zu meinem Erstaunen sah ich keine Kartenspieler, keine Ergebnisse von Mau-Mau Turnieren, keinen Papst, nein, es handelte sich nicht einmal um Rom.

Ich sah das Gasthaus in München, in dem ich vor der Überquerung der Alpen eingekehrt war, sah mich dort nach meiner Rückkehr aus Rom, glücklich nach überstandenen Abenteuern, glücklich über eine Begegnung, die ich dort haben sollte.

Das Bild verblaßte langsam vor meinen Augen, der Zauber ließ nach, ich war wieder in dem kleinen Zelt auf dem Markt vor dem Petersdom. Mein Blick klärte sich und für den Hauch eines Momentes meinte ich, in das Anlitz einer wunderschönen Frau zu sehen. Aber nach einem Wimpernschlag war diese Vision verschwunden wie eine Fata Morgana und mich starrte die wohlbekannte Fratze der Hexe an. Von einem intensiven Glücksgefühl und Stärke durchströmt war meine Angst vor der Begegnung mit der Hexe verschwunden.

Nachdem sich meine Atmung und mein Puls normalisiert hatten, begannen wir ein entspanntes Gespräch bei Kräutertee und einem etwas merkwürdig duftenden, aber sehr sehr schmackhaftem Gebäck, das wie von Zauberhand plötzlich auf dem Tischchen aufgetaucht war.

Die Kristallkugel wurde recht lieblos unter den Tisch gestoßen. Auf meinen verwunderten Blick hin erklärte mir die Hexe, Kristallkugeln seien eigentlich nur Gedöns für Leichtgläubige und Normalkunden, denen man aber auch noch den allerletzten Mist als Wahrsagerei verkaufen könne.

Ich gehöre zu den ganz wenigen Menschen, denen ein wirklicher Blick in die Zukunft gestattet worden sei, und dazu brauche man keinerlei Hilfmittel.

Auf meine Frage, warum nichts über Kartenspiele zu sehen gewesen sei, das sei doch schließlich der Zweck meines Aufenthaltes in Rom, wurde mir beschieden:

"Wirst nur Sachen sehen, die wichtig sind, beim Turnier hier wirst eh weit kommen, aber 's wird keinen Einfluß auf deinen weiteren Weg haben".

Zu dieser etwas kryptischen Bemerkung ließ sie sich keine weiteren Erklärungen entlocken, so lag meine Zukunft auch weiterhin im Dunklen. Und glaube mir, verehrter Leser dieser Zeilen, das ist auch besser so. Was würde aus uns, wenn wir unsere Zukunft kennen würden, wo bliebe die Magie unseres Lebens?

Wir saßen noch eine ganze Weile zusammen, vom Lärm und Gestank des Marktes war hier drinnen nichts zu merken, als ob wir an einem anderen Ort wären. Ich erfuhr, daß die Hexe mit verschiedenen Kolleginnen hier vertreten sei, Kräuterhexen, Hexen, die in der Herstellung von Talismanen besonders geschickt wären, und noch einigen anderen mehr. Es kam mir schon merkwürdig vor, daß ausgerechnet auf dem Petersplatz ein Markt mit Hexen- und Zaubererbeteiligung stattfinden würden. Kein Problem, meinte sie, gerade solche Märkte zu päpstlichen Veranstaltungen seien in ihren Kreise beliebt, da fast alle Kirchemitarbeiter zum Stammkundenkreis zählen würden und die Einnahmen immer zufriedenstellend wären.

Zum Schluß erfuhr ich noch, daß die Oberhexe, die mich dereinst verzaubert hatte, wegen der damaligen Geschichte nicht mehr sonderlich sauer sei, der Meister hatte den Besen richtig herum zusammen gebaut, die Hexe wars zufrieden, und ich dürfe mich sogar im Harz wieder sehen lassen.

Auch ihr Ziel sei es nicht gewesen, mich heute in Angst und Schrecken zu versetzen, sie hoffe, ich könne etwas anfangen mit dem, was ich gesehen hätte.

Nach kurzem Abschied verließ ich das Zelt und dachte mit Spannung an das bevorstehende Turnier und mit Zuversicht an meine spätere Rückkehr in die Heimat.

Mühsam kämpfte ich mich durch das zum Dom hin immer dichter werdende Gedränge, bis ich in einer Menschentraube vor dem Einlaß in das Gebäube so eingekeilt war, daß ich mich kaum noch bewegen konnte. In ganz kleinen Schritten ging es vorwärts, und es mag wohl schon eine mittlere Weile vergangen sein, bis ich an der Reihe war, den Dom zu betreten.

Ich wurde erneut gestoppt, diesmal von Soldaten in etwas merkwürdigen Uniformen mit gewaltigen Hellebarden in den Händen, deren Aussprache gut zu ihrem etwas albernen Äußeren passte.

Man sollte sich nie von Äußerlichkeiten zu einem Urteil verleiten lassen, der Griff der Herren war jedenfalls alles andere als albern. Kräftige Hände packten mich an der Oberarmen und hielten mich fest, ein zweiter Soldat tastete mich wenig zartfühlend von Oben bis Unten ab, fragte, ob ich Geheimtränke, Kräuter oder verschiedentlichen Meuchelmörderbedarf dabei hätte und schob mich, nachdem ich verneint hatte, mit einem ordentlichen Schubs weiter ins Innere des Doms.

Ich gelangte zu einer Reihe von Tischen, an denen sich lange Schlangen gebildet hatten und fragte den vor mir Wartenden, was es hier denn so gäbe, warum alle anstehen würden, erntete aber nur einen fragenden Blick und eine Antwort in einer mir gänzlich unbekannten Sprache.

Ja, geneigter Leser, euer werter Erzähler mag ja viel rumgekommen sein, aber mit Fremdsprachenkenntnissen war das damals nicht weit her, Latein ging noch, wenn man fleißig den Gottesdienst besucht hatte. Und das hatte ich in meiner Jugend regelmäßig getan. Wenn man über keinen Fernseher, Videorecorder, Plattenspielen, Radio oder Gameboy verfügt, kann man nur hoffen, einen Pfarrer zu haben, der spannende Geschichten erzählen kann.

Nach einer weiteren Weile des Wartens, diesmal einer größeren, war ich bis zum Tisch vorgerückt, wurde kurz und unfreundlich begrüßt, (der konnte Fremdsprachen), und nach meiner Einladung zum Turnier gefragt.

Mit dem Schreiben in Händen begann der Mönch, in einem dicken Buch zu blättern, hatte schnell irgendetwas gefunden und abgehakt, reichte mir ein neues Pergament und wies mich an, mich am Nachbartisch erneut anzustellen.

Als ich an der Reihe war, begann eine Befragung durch den hier zuständigen Mönch, viel dummes Zeug, wann und wo geboren, Eltern und Vorfahren wohl bis ins vierte Glied, Heimatadresse, Kirchenbesuche und so weiter und so fort.

Nach gewisser Zeit leicht gelangweilt beantwortete ich alle Fragen und, lieber Leser, es waren viele. Offenbar gab es im Petersdom Gestalten, die den ganzen Tag nichts anderes vorhatten als Fragebögen zu entwerfen. Es gibt starke Indizien, die dafür sprechen, daß die Nachfahren dieser Leute auch heute noch am Wirken sind, ja ihr segensreiches Tun vermutlich sogar noch ausgeweitet haben mögen.

Ich wurde plötzlich wieder hellwach, als die Frage lautete: "Beruf, Stellung in der heiligen Kirche?" Selbst mir war klar, daß ich hier ja nun nicht gut sagen konnte, ich sei ein Meister in der Herstellung von Hexenbesen auf dem Brocken gewesen. Auch meine unselige Zeit als Mohrrübe, Berufsbezeichnung: Gemüse, schien mir nicht recht geeignet und würde sicherlich eine noch genauere Befragung zu meiner Vergangenheit nach sich ziehen.

Also antwortete ich:"Ich war ein armer Fischersmann, oh hochverehrter Mönch, aber was bitte meinet ihr mit Stellung in der heiligen Kirche?"

Es folgte die mit säuerliche Mine vorgetrage Antwort, ob ich denn nicht wisse, worum es hier ginge. Mit wenigen Ausnahmen auf persönliche Einladung durch Rodolpho seien bei diesem Turnier nur Kirchenmitarbeiter zugegen, vielleicht hätte ich wenigstens mal die Kirche gefegt oder dem Pfarrer die Tasche und die Bücher getragen. Jawohl, dachte ich so bei mir, einmal am Dienstag um halb zwölf hatte ich ein von der Kanzel gefallenes Buch aufgebogen, sprachs und wurde gefragt, ob ich noch bei Trost wäre, so etwas könne nun wirklich nicht anerkannt werden.

Nach einer kurzen Diskussion mit dem Mönch am Nachbartisch, einer erneuten und gründlichen Besichtigung meiner Einladungspapiere war ein kurzes "Persönliche Einladung!" zu vernehmen. Der Blick meines Gegenübers zeigte zum ersten Mal einen gewissen Respekt, nach der Arbeit auf den Makkaronifeldern stand es mit meiner Kleidung keineswegs zum Besten, ich hätte mir vermutlich selbst nicht recht über den Weg getraut, und ausgerechnet ich kam hier mit einer persönlichen Einladung.

Die letzte Frage auf dem Formular schien zu sein, wen ich denn vertreten würde, meine Heimatkirche oder ein Kloster.

"Nein, oh Herr, es sei mir höflichst gestattet, den Waldgasthof Bremen und das Ambösschen aus Hannover zu vertreten, sehet meine Joppe und die Abzeichen."

Wenn Blicke töten könnten, ich wäre auf der Stelle mausetot zusammengebrochen. Ein Blick, eisiger als der der Oberhexe im Augenblick ihres Fluches traf mich und ließ mich erstarren. Es folgte ein furchterregendes Gebrülle, aus dem nur hin und wieder einzelne Wörter herausragten, von denen dreistes Bürschlein, neunschwänzige Katze und Daumenschrauben noch die harmlosesten waren.

Vor Schreck über diesen plötzlichen Ausbruch waren alle Umstehenden verstummt, auch das Gebrüll endete so ruckartig, wie es begonnen hatte, man hätte eine Stecknadel fallen hören können. Über den eigenen Ausbruch selbst erschrocken blickte sich der Mönch nach allen Richtungen um, aus dem Eingangsbereich kamen die Wachen heran gestürmt, und mein Gesprächspartner mühte sich mit hochrotem Kopf die Hereneilenden zu beruhigen, es sei gar nichts, ein Irrtum, man möge es bitte für sich behalten.

Mir zugewandt und sich über den Tisch beugend bemerkte er, das Zähneknirschen war nicht zu überhören, und erst der Mundgeruch, zwischen grünlichen Zähnen herauszischend, es täte ihm leid und irgendetwas von persönlichen Gästen und ich möge Rodolpho nichts sagen. Grußlos drückte er mir ein weiteres Pergament in die Hand und wies wortlos auf eine Türe im Hintergrund. Dort hatte ich schon während meiner gesamten Wartezeit die an den Tischen abgefertigten Leute verschwinden sehen. Ich betrat einen großen Raum, an dessen Wänden Beichtstühle aufgereit waren, die meisten Vorhänge offen stehend, fast alle besetzt.

Auch noch beichten, fuhr es mir durch den Kopf, aber wenn das hier so ist, was soll's, ich war ja schließlich beim Papst. Ich suchte mir eine leere Kabine, nahm Platz und ließ, dem Beispiel der Anderen folgend, den Vorhang geöffnet.

Kaum berührte mein Hinterteil die Sitzbank, wurde mein linker Arm durch das Türchen in den anderen Teil des Beichtstuhls gezogen. Als ich meinen Arm reflexartig zurückriß, durchfuhr mich ein stechender Schmerz. Mit Entsetzen sah ich, wie sich mein Ärmel rot färbte. In meinem Unterarm steckte eine dicke Nähnadel.

Langsam hatte ich die Nase voll, riß mir die Nadel aus dem Arm, sprang aus dem Beichtstuhl und schicke mich an, diesen wahrhaft anheimelnden Ort schleunigst zu verlassen, Mau-Mau hin oder her.

Euer über alle Maßen hinaus geduldiger und gutmütiger Erzähler war fast am Ende, lieber Leser. Sollte die Geschichte hier enden wegen einer Nähnadel, sollten große Dinge, die hier zu enthüllen waren vor der Weltöffentlichkeit und besonders vor dir verborgen bleiben?

Natürlich nicht -- unbemerkt war ein Mann hinter mir hergeeilt, hatte mich an meiner Joppe festgehalten und im Tone des wahren Bedauerns beteuert, daß es ihm furchtbar leid täte. Ausgerechnet er, vielgerühmter Wappenaufnäher, Meister von Nadel und Faden, noch nie habe er einem Anbefohlenen schlechte Arbeit geliefert, geschweige denn diesen verletzt.

Von seiner Aufrichtigkeit überzeugt trat ich in seinem Schlepptau den Rückweg in seinen Beichtstuhl an. Unter weiteren Bekundungen des Bedauerns krempelte er meinen Ärmel hoch, die Blutung hatte inzwischen aufgehört, und versorgte die Wunde mit einem Kräutersud und einem sauberen Leinenverband.

Davon hatte er einen ganzen Stapel neben sich auf der Sitzbank liegen, nur soviel zu diesem wahren Meister der Nadel, dem Verletzungen völlig unbekannt waren.

Vielleicht wäre er in einem Siechenhaus besser aufgehoben gewesen, meine Wunde heilte unter dem Kräuterverband jedenfalls problemlos ab.

Anschließend nähte er ein Wappen auf den Ärmel, der Blutfleck war gut verdeckt, und erklärte mir, dies sei das Zeichen, mit dem ich die Spielstätten und die Quartiere für die Spieler betreten könne. Die Garden hätten Anweisung, allen Personen ohne diesen Aufnäher den Zutritt zu verweigern.

Und das ohne jede Ausnahme, ich solle also Acht geben auf meine Kleidung, es gäbe in Rom eine große Zahl zwielichtigen Volkes, alle auf einen kleinen Diebstahl oder Meuchelmord aus.

Zudem erläuterte er mir, in welcher Spielstätte ich zu erscheinen hätte zur Vorrunde, ich wurde der Kirche San Pietro zugeteilt. Dort versammelt sich nach Aussage meines Schneiderleins fast nur Novizen, kleine Priester, die hohen Chargen der Kirche würden von vornherein in der Sixtinischen Kapelle spielen, das gelte selbstverständlich auch für den Papst, den ich vermutlich nur wärend der am heutigen Abend geplanten Einführungsveranstaltung aus einer der hinteren Reihe zu Gesicht bekommen würde.

Die Möglichkeit, daß ich auch nur die Vorrunde überstehen würde, schien in seinen Augen überhaupt nicht zu exsistieren.

Auch über die Verhaltensregeln, die im Vatikan zu beachten seien, wurde ich ausführlich in Kenntnis gesetzt. Bei jeder höher gestellten Persönlichkeit hätte ich zu grüßen, vor jedem Kardinal niederzuknien und den Ring zu küssen, vor dem Papst, falls ich ihn denn überhaupt zu Gesicht bekäme, hätte ich mich flach auf den Boden zu werfen. Die Tischsitten seien, anders als von einem gewissen Herrn Luther neuerlich immer wieder propagiert, ein wenig anders auszulegen.

Bei Tische furzen und rülpsen sei nur Papst und Kardinälen gestattet, kleinen Lichtern wie mir selbstverständlich nicht. Nämliches gelte besonders auch für das Berühren von Nonnen. Er wünschte mir viel Glück und gute Karten, und ich schloß mich einer Gruppe an, die dabei war, den Saal zu verlassen.

Die Stunde des Sonnenunterganges rückte näher, die festliche Eröffnung des weltgrößten Mau-Mau Turniers sollte beginnen. Das Hauptschiff des Petersdoms war bis auf das letzte Eckchen mit Menschen besetzt, von riesigen Pfeiler getragen wölbte sich die Kuppel hoch über uns, es war angenehm kühl und stank für die Menge Menschen, die zusammen gekommen waren, erstaunlich wenig.

Ein prachtvoller Altar füllte die gesamte Stirnseite der Basilika aus, eindruckvolle Gemälde, güldene Gefäße, man konnte sich gar nicht satt sehen daran. Selbst von meinem Platz aus, ganz hinten, Stehplatz, eingekeilt zwischen Mönchen, waren Einzelheiten auszumachen. Die Sitzplätze waren Kirchenhonoratioren vorbehalten, die besten Plätze Bischöfen und Kardinälen, vor dem Altar, uns zugewandt, auf einem Thron sitzend, das Oberhaupt der Kirche, der Papst.

So herrlich der Thron, so bescheiden wirkte der darauf Sitzende. Anders als die Kärdinäle im vollen Ornat trug er eine einfache schwarze, bodenlange Kutte, die von einem feuerroten Gürtel zusammen gehalten wurde. Sein dunkeles Haar fiel bis auf die Schultern, er schien sich seit einer Woche nicht mehr rasiert zu haben.

Keinerlei Schmuck war an ihm auszumachen.

Als von den Wachen auch der letzte Teilnehmer in die Kirche gestopft worden war und sich die Türen geschlossen hatten, hob der Papst die Hand, und sofort verstummte jegliches Gemurmel, das bisher wie eine Wolke über uns geschwebt hatte.

Mit einer wunderbar volltönenden Stimme, die dieses Kirchenschiff wahrlich füllte, begann der Papst seine Ansprache. Zunächst begrüßte er in verschiedenen Sprachen die Anwesenden, um dann ins Lateinische zu verfallen und uns nochmals eine Übersicht über die kommenden Tage und Wochen zu geben. Speziell auf dem Punkt, wie wichtig doch dieses Turnier nicht nur für die Mitspieler, sondern für die gesamte Kirche sei, ritt er zu meiner Verwunderung lange und ausführlich herum.

Lieber Leser, ich möchte dich nicht mit einer ausschweifenden Schilderung des Eröffnungsabend langweilen und hier alle Ansprachen im Detail schildern.

Nachdem der Papst geendet hatte, er war mir übrigens auf den ersten Blick sympathisch gewesen, fühlten sich noch diverse kirchliche Würdenträger berufen, ebenfalls eine Rede zu halten. Dies kam erst zu einem Ende, als der Papst deutlich sichtbar mit den Augen zu rollen begann und erstes Schnarchen, was für eine Wahnsinnsakustik, die Redner störte.

Anschließend wurden Häppchen gereicht, und es gab eine solide Auswahl an alkoholischen Getränken, die Kirche schien trotz aller Neubauvorhaben gut bei Kasse zu sein.

Das Ende der Fete kam ziemlich plötzlich, gegen Mitternacht fingen alle möglichen Glocken an zu bimmeln. Verehrter Leser, mit der Zeit war das damals so eine Sache, es gab halt keine Quarzuhren und auch keine Tagesschau, wo sich dann alle einig sind, wann 20^{oo} ist. Mitternach, also 24^{oo}, schien cirka 30 Minuten zu dauern, erst bimmelte die eine Kirche vor sich hin, dann folgten weitere, und der Petersdom so mitten drin. Jedenfalls war an Unterhaltung eh nicht mehr zu denken, und wer Heavy Metal für eine Lärmbelästigung hält, hat noch nie unter einem Glockenturm in voller Aktion gestanden.

Das Fest war aus, und ich hatte keine Ahnung, wo ich unterkommen sollte. Aber andere schienen diese Ahnung zu haben, scheuchten alles, was nicht nach Kardinal, Abt oder ähnlichem aussah, durch ein Tor auf den

Vorplatz, und dann ging es, von Gardisten angetrieben, im leichten Trab durch halb Rom.

Wir erreichten ein Gebäude, das als Kloster zu dienen schien, und wurden ruck zuck in Gruppen zu zwanzig in einzelne Zimmer verfrachtet.

Der Raum maß vielleicht dreißig auf zehn Fuß, es lagen dicht gedrängt zwanzig Strohsäcke auf dem Lehmboden, und das war auch schon die ganze Einrichtung unserer Unterkunft.

Ich ließ mich auf einem der Säcke nieder, man konnte nur ausgestreckt liegen, sonst stieß man bereits den Nachbarn an, und versuchte zu schlafen. Trotz harter und kratziger Unterlage, trotz vieler Flöhe und trotz eines Nachbarn, der infernalisch schnarchte, bin ich irgendwann eingeschlafen. Der Tag war ja auch ereignisreich und ermüdend gewesen. Mein letzter Gedanke galt der Prophezeiung der Hexe und ein Gefühl der Wärme hüllte mich ein und half mir in den Schlaf.

Am folgenden Morgen, geweckt durch erneutes Gebimmele, was war das im Harz doch ruhig, wurden wir auf den Innenhof des Klosters gerufen, es gab einen Becher Wasser und ein paar alte Nudeln zum Frühstück. Wir hatten die trockenen Nudeln gerade mit Mühe heruntergewürgt, als schon die Gardisten erschienen und uns wie eine Schafherde zurück auf die Straße trieben. Es ging im Trab durch ein paar Straßen Richtung Vincoli, Tagelöhner und anders Volk war kaum zu sehen, sie hielten wohl lieber Abstand zu den Soldaten.

Nach kurzem Marsch erreichten wir eine Kirche, San Pietro, das Portal prächtig mit päpstlichem Banner geschmückt, unsere Spielstätte.

Einige Schaulustige mochten wohl den Vorplatz der Kirche säumen, uns aufmunternd zurufen, all dessen wurde ich nicht mehr gewahr. Ich verspürte ein Ziehen in der Magengegend, mein Gedärm begann zu rumoren, ja, ich gebe es zu, ein wenig Lampenfieber war schon dabei.

Unsere Gruppe erreichte den mit drängelnden Mönchen und Priestern völlig verstopften Eingang. Einige Gardisten versuchten, Ordnung in das Durcheinander zu bringen. Vor Eingängen herumdrängeln schien zu päpstlichen Mau-Mau Turnieren dazu zu gehören, aber schließlich hatten wir dann doch alle unversehrt die Kirche betreten, das Portal wurde geschlossen, gewaltige Riegel vorgelegt und mehrere Gardisten bezogen Posten vor dem Eingang, man fühlte sich fast wie ein Gefangener.

Im Inneren der Kirche waren alle Bänke an die Ränder geschoben worden, das gesamte Hauptschiff war vollgestellt mit gut 10 Dutzend Tischen, rohe Bretter, einfachste Machart, aus denen drei Tische in der Mitte wegen ihrer polierten Platte herausstachen.

Um die Tische herum waren meist sieben Schemel gruppiert, ebenfalls einfachster Bauweise.

Zwischen den Tischen wuselten ältere Mönche herum, einer Hühnerherde nicht unähnlich, schnatternd, flatternd auf uns zu und begannen, uns in Sechsergruppen auf die Tische zu verteilen. Auch wenn man es kaum glauben mag, irgendwann saßen tatsächlich alle, und es kehrte soviel Ruhe ein, daß es einem der anwesenden Gardeoffiziere gelang, sich Gehör zu verschaffen.

Ohne Gruß erklärte er, wir mögen nicht glauben, daß es ihm auch nur das geringste Vergnügen bereiten würde, hier in San Pietro Dienst tun zu müssen, um auf die niedersten Kreaturen der Heiligen Römischen Kirche achtzugeben. Gerade ihm, dem berühmten und kampferfahrenen Hans Blassen aus Zürich, schweizer Ahnen bis in graue Vorzeiten, gebühre es eigentlich, Dienst am Spieltisch des Papstes zu tun, aber es habe nun nicht sollen sein. Dafür sei er gerne den Spielleitern an jedem der Tische behilflich, Falschspielern die Wirkung seines Schwertes näher zu bringen. Aber ganz besonders gerne würde er das Gespräch suchen mit solchen, die ihre blöde Fresse nicht halten und für den infernalischen Lärm in diesem heiligen Hause verantwortlich wären.

Schlagartig verstummten nun auch die allerletzten Gespräche zwischen den Spielern, und HB hatte die volle Aufmerksamkeit aller Anwesenden.

Neben organisatorischen Hinweisen, Pinkelpausen und Ähnlichem, wies er nochmals ausdrücklich auf die Gültigkeit der päpstlichen Bulle von 1489 hin und erklärte den ersten Spieltag für eröffnet.

Endlich hatte ich Gelegenheit, meine Tischgenossen und Mitspieler genauer zu betrachten.

Mit gegenüber saß ein alter Mönch, ein wenig in sich zusammengesunken, die fadenscheinige braune Kutte lose an seiner schmale Gestalt herabhängend, und lächelte freundlich in die Runde. Ja nun, das sei halt so mit den jungen schneidigen Gardisten, die hielten sich alle für etwas Besonderes, und meist sei das nicht wirklich böse gemeint, aber HB habe ein kleines Gewaltproblem, und wir sollten uns tatsächlich zurückhalten. Wen er als unser Spielleiter beim Mogeln, dem Gebrauch von Geheimtränken oder bösen Zaubern erwischen würde, den müsse er schon an HB melden, und damit wäre die Karriere in der ruhmreichen Kirche für immer vorbei. Meine fünf Mitspieler, alles junge Mönche, nickten eifrig, ich muß wohl etwas blöd dreingeschaut haben, tätsächlich verstand ich überhaupt nicht, was er mit Karriere in der Kirche meinen könnte."Bist nicht aus der Kirche, Bürschen?","Nein", konnte ich nur antworten, ich murmelte etwas von Fischer an der Nordsee, persönlicher Einladung durch Rodolpho, und daß ich eigentlich nur Mau-Mau spielen wolle, über eine Laufbahn in der Kirche hätte ich noch nicht nachgedacht.

"Wird höchste Zeit", bekam ich zu wissen, und der Alte begann, die Karten auszuteilen.

Nun also sollte es beginnen. Als ich die erste Karte in der Hand hatte, war mein Lampenfieber wie weggeblasen, das war mein Leben, hier fühlte ich mich zu Hause.

Das Spiel plätscherte zunächst ein wenig vor sich hin, niemand wollte sofort seine volle Spielstärke offenbaren, das erste Spiel gewann mein Nachbar zur Rechten, das zweite sollte ich gewinnen, knapp, aber gewonnen ist gewonnen.

So verging der Vormittag, niemand an unserem Tisch konnte sich einen deutlichen Vorsprung vor den anderen erspielen, als die Kirchenglocken zu läuten begannen und uns zur Mittagspause riefen.

Du weißt, lieber Leser, was folgte: Gedrängel. Irgenwann war auch ich aus der Kirche raus, ich folgte unserem Spielleiter, der würde schon wissen, war zu tun sei. Auf dem Kirchenvorplatz, und der war wahrhaftig groß, waren Tische aufgebaut, an denen jeder von uns einen Blechnapf in die Hand gedrückt bekam, in dem sich eine undefinierbare Suppe befand, die nach gar nichts schmeckte, dazu ein Stück trockenen Brotes. Wer seine Suppe gegessen hatte, konnte sich noch eine Portion Wasser in den Napf geben lassen, damit war das Mittagessen beendet. Viel abenteuerlicher als die Nahrungsaufnahme jedoch war das anschließende Pinkeln. Als wahrhaft gesitteter Persönlichkeit ist es mir selbstverständlich verboten, hier auf die näheren Umstände einzugehen, aber nur so viel: Toiletten gab's keine, es gab halt nur die rückwärtige Mauer der Kirche, und das bei tausend Leuten. Zum Segen hatte ich Schuhe mit einer wasserdichten Sohle an.

Nachdem auch das erledig war, fragte mich der Alte, wie ich überhaupt hierher gekommen sei und ob mir denn niemand erklärt habe, was hier abginge.

Ich erzählte in groben Zügen meine Geschichte, selbstverständlich ohne meine Erlebnisse im Harz, wie ich zum Mau-Mau gekommen sei, wer mein Lehrer gewesen sei.

"Hab ich's mir doch gedacht, so wie's spielst, mußt einen guten Lehrer g'habt haben", ja, dieser Name habe in höchsten Mau-Mau Kreisen einen hervorragenden Klang. Er habe schon bei so vielen Turnieren den Spielleiter gemacht, einem Spieler wie mir sei er aber nur selten begenet, mein Stil erinnere ihn schon fast an den Rodolphos. Wenn ich mal endlich ordentlich spielen würde, wäre die Sache an unserem Tisch doch zügig erledigt.

Ich erfuhr, daß er in seinem Alter nun nicht mehr selbst an großen Kirchenturnieren teilnehme, er sei's aber zufrieden mit seiner Aufgabe als Schiedsrichter. So könne er sich doch zumindest an der Fertigkeit junger Spieler wie mir erfreuen.

Das erste Spiel nach der Mittagspause begann zunächst, wie das letzte vor der Pause geendet hatte, sehr verhalten. Doch als ich in die Runde schaute, bemerkte ich so manches Zucken an Mundwinkeln, leichtes Flattern von Lidern und ein wenig Zittern der Hände, hier schien bei meinen lieben Mitspielern die Anspannung doch erheblich zu steigen. Und tatsächlich, der Mönch zu meiner Linken startete einen wahrhaft aggressiven Spielzug, der alle anderen zwang, ebenfalls die Deckung fallen zu lassen. Nun tobte eine offene Schlacht, verschärftes Mau-Mau, wie ich es über alles liebe. Die Spiele wogten hin und her, mal schien das Glück auf dieser Seite, mal der Sieg bei jenem nahe, doch keine Bange, lieber Leser, euer Held hatte die Sache voll im Griff, spielte die anderen geschickt gegeneinander aus und stand bei Spielschluß, noch bevor der Rest der Runde begriffen hatte, was eigentlich geschehen war, als glänzender Sieger da.

Der Alte bedankte sich bei uns für unser faires und schönes Mau-Mau und flüsterte mir beim Gehen noch ein"Hab´s doch gewußt" zu. Nach erneutem, du weißt schon was, na klar, Gedrängel, ging ich auf dem Kirchenplatz auf die Suche nach meiner Gruppe vom Morgen. Wir fanden uns zügig zusammen und wurden wieder von Gardisten im Trab zurück ins Kloster gescheucht.

Das Abendessen glich bis auf die letzte Nudel dem Frühstück, dafür durften wir uns noch ein wenig im Klostergarten aufhalten, schnell fanden sich kleine Grüppchen zusammen. Ich hatte mich mit zwei Mönchen und einem Priester auf einem Stück Rasen niedergelassen, die Luft war angenehm mild und erfüllt von einem wunderbaren Duft, der aus dem Kräuter- und Blumengarten zu uns herüberwehte.
    Die Sonne versank gerade hinter dem Horizont und tauchte das gesamte Klosterdach in blutrotes Licht, und durch die immer dunkler werdende Nacht schwirrten die Stimmen meiner Mitspieler, die den vergangenen Tag immer und immer wieder diskutierten und sich ihrer genialen und gewagten Spielzüge rühmten.

Auch in unserer Gruppe ging es im Wesentlichen um die Spiele, ich beteiligte mich aber kaum an dem Gespräch, der Abend war einfach zu schön und völlig anders, als ich es aus dem Norden gewohnt war, ja, hier möchte man wohl für immer leben. Meine Aufmerksamkeit wurde allerdings geweckt, als einer der Mönche aus unserer Runde beklagte, er wisse nicht genau, wie weit er gekommen sei, der Spielleiter an seinem Tische habe sich nicht zum Spielstand geäußert, er müsse doch schließlich zumindest die erste Runde siegreich beenden, um in die Reihen der heiligen Inquisition aufgenommen zu werden. Dies sei nun schon seit vielen Jahren sein Wunsch. Endlich habe er sich zum päpstlichen Turnier qualifiziert und die Möglichkeit, sich diesen Jugendtraum zu erfüllen. Er wisse genau, daß gerade er der heiligen Inquisition beste Dienste würde leisten können, er fühle sich berufen, scharfe Verhöre zu führen und Ketzer und ähnliches Gewürm der Folter und dem Scheiterhaufen anheim zu geben, besonders Hexen und Zauberer würden unter seiner Mitwirkung vom Erdboden getilgt werden.

Mit zunehmender Länge des Monologs meines Gegenübers wurde mir immer unbehaglicher zu Mute, wo war ich hier nur hineingeraten. Wenn der wüßte, daß er mit einem Hexenbesenbindemeister zusammen sitzt. Der hatte garantiert einen Heimwerkersatz "Heilige-Inquisition-Folterinstrumente" unter seiner Kutte, vielleicht in Form eines Schweizermessers, Minidaumenschrauben, Fingernägelausreißer zum Ausklappen, der "Lethermann" für den kleinen Folterknecht. Hatte wahrscheinlich zu Hause schon mal an Oma geübt, so langsam begann ich dem Typen alles Mögliche zuzutrauen.

Bloß wenn der so scharf auf Foltern war, was hatte das mit dem Turnier zu tun?

Er wurde jedenfalls von den beiden anderen Mitgliedern unserer Runde ausführlichst bedauert, man hoffe doch sehnlichst, sein Traum möge in Erfüllung gehen, und man wolle ihn gern ins obligate Nachtgebet mit einschließen.

Er selbst, Priester seit vielen Jahren, habe wohl mehr Glück gehabt, er sei führend an seinem Tische und freue sich bereits darauf, ins Kardinalssekretariat aufzusteigen. Und wer weiß, vielleicht sei ihm das Glück im Mau-Mau weiterhin hold, vielleicht gelänge sogar der Sprung in die Endrunde in der Sixtinischen Kapelle, und man könne einen Posten als Erster Sekretär oder gar Bischof ins Auge fassen. Der zweite Mönch hingegen ließ sich darüber aus, daß eine Laufbahn als Abt und Klostervorsteher schon ein

Erreichen der dritten Spielrunde erfordern würde, er aber wahrlich voller Zuversicht den nächsten Tag in Angriff nehmen wolle. Wie denn meine Karriereplanung sei, wollte er von mir wissen, nachdem er uns ausführlich über die Vorteile – unbeschränkter Zugang zum Weinkeller, Weisungsbefugnis an den Küchenchef, Geheimtürchen in die Nonnenabteilung – des Postens eines Klostervorstehers informiert hatte.

"Ich will wohl dieses Turmier gewinnen", antwortete ich unbefangen auf seine Frage, und was danach käme, müsse man halt mal abwarten, vermutlich zurück nach Norddeutschland. Am Meer und in den Bergen hätt ich schon das eine oder andere Eisen im Feuer, ein gewisses Gasthaus im Bremischen hätte auch immer ein Bett für mich. Und je nach dem, wie die Geschäfte dort laufen würden, ein weiterer Teilhaber, der Mau-Mau Spieler aus der Umgebung anzöge, wäre hoch willkommen. So schwardronierte ich noch ein Weilchen vor mich hin, die Vorzüge Norddeutschlands preisend, bis mir auffiel, daß allen meinen Gesprächspartner der Mund weit offen stand und mich große Augen verwundert anglotzten. Mein Vortrag über Leute und Landschaft im hohen Norden endete auf der Stelle, und ich wurde gefragt, ob ich noch recht bei Trost wäre. Ich wäre ein netter Bursche, und sie fänden meine Gesellschaft durchaus nicht unangenehm, aber so etwas Respektloses und Überhebliches sei ihnen nun schon länger nicht mehr untergekommen. Abt, Folterknecht und Kardinalssekretär seien doch ehrenwerte Ziele, die ein jeder, der das Turnier besuche, anstreben möge, aber als kleiner Fischer aus Deutschland so hoch zu greifen, das sei nun wirklich total daneben.

Sie wünschten mir knapp eine gute Nacht, gaben mir den Rat, das ganze nochmals zu überdenken, und verschwanden in ihren Schlafräumen. Was das nun wieder sollte, war mir nicht recht klar, aber statt irgendwelchen Blödkram zu durchdenken, blieb ich ein wenig sitzen, der Innenhof des Klosters hatte sich in der Zwischenzeit schon ordentlich geleert. Es war nach wie vor eine herrlich milde Nacht, und ein phantastischer Sternenhimmel wölbte sich über mir. Ich verspürte nicht die geringste Lust, in den engen und stinkigen Schlafraum zurück- zukehren, außerdem war es hier draußen deutlich ruhiger als drinnen neben einem Hardcore-Schnarcher. So blieb ich einfach auf dem Rasen liegen, meine Joppe, die den Wetterunbillen der Heimat getrotzt hatte, sollte wohl erst recht unter südlichem Himmel Schutz für die Nacht bieten und begann zu träumen.

Ich überdachte mein Leben, und die merkwürdigen Umstände, die mich hier nach Rom geführt hatten. Wie mochte es um Eltern und Geschwister bestellt sein, wie war es dem Meister und seiner Frau ergangen, war der alte Fischersmann noch bei Kräften um dem Meer zu trotzen, hatten meine Freunde im Walde inzwischen das Singen erlernt? Mir wurde weh ums Herz, würde ich all meine Lieben wiedersehen in Frische und Gesundheit, ja lieber Leser, euren Erzähler hatte die Wehmut gepackt, so fern der Heimat, ohne jede Nachricht von zu Haus.

Doch die Prophezeihung der Hexe vom Petersplatz kam mir in den Sinn, und mit Zuversicht begab ich mich in Morpheus' Arme.

Nach erfrischendem Schlaf und angenehmen Träumen erwacht begann der Morgen für mich wie der Gestrige. Die Küche dieses Klosters brachte offenbar nicht anderes hervor als pappige, klebrige Nudeln – der Koch hieß garantiert nicht Onkel Ben – dafür war das frische Brunnenwasser wirklich okay. Als ich mich zu meinen Gesprächspartnern vom vergangenen Abend gesellen wollte, wandten sich diese von mir ab und begannen, sich etwas zuzuflüstern, was ich allerdings nicht verstehen konnte. Dann eben nicht, dachte ich bei mir, obschon mir nicht klar war, womit ich ihnen auf die Kutte – Schlipse gab´s damals noch nicht – getreten sein könnte.

Die nämliche Wachmannschaft geleitet uns erneut nach Vincoli, der zweite Tag des Turniers sollte beginnen. An der Stirnseite des Kirchenschiffes waren große Tafeln aufgetaucht, vollgeschrieben mit Tabellen und Zeichen, die ich nicht recht zu deuten wußte, die aber mit Sicherheit Auskunft über den Spielverlauf vom Vortage geben sollten. Ich steuerte auf den gewohnten Spieltisch zu, wurde aber aufgehalten und von unserem Spielleiter an einen anderen Tisch, dem Zentrum ein wenig näher, geleitet. Der Alte erklärte mir kurz, die Gruppen würden am heutigen Tage neu zusammengesetzt, er würde diesen neuen Tisch übernehmen. Und, obwohl mir schon ein etwas seltsamer Ruf vorausgeeilt sei, habe er die Turnierleitung ersucht, weitere Erfolge meinerseits vorausgesetzt, mich durch dieses Turnier begleiten zu dürfen. Hoch erfreut über diese Nachricht, ich begann den Alten zu mögen, nahm ich an dem neuen Tisch Platz.

Unsere Runde war schnell vollzählig, der Spielverlauf ähnelte dem des Vortages fast aufs Haar, dies galt leider auch fürs Mittagessen, und am Abend stand erneut ich als Sieger fest. Der Alte quittierte den Endstand mit einem zufriedenen Lächeln und begleitete mich auf dem Rückweg in das Kloster, das mich beherbergte. Bei dieser Gelegenheit erfuhr ich, daß er dem Orden angehörte, der just dieses Kloster bewirtschaftete, er habe auch schon mit dem Abt gesprochen, es ließe sich hinsichtlich Unterbringung und Verpflegung doch noch etwas regeln.

Er sollte Recht behalten, es hatte sich tatsächlich etwas regeln lassen.

Meine Nudeln schienen frisch gekocht und waren mit einer Gemüsesoße übergossen, darauf ein zerriebener, sehr pikanter Käse. Hatte ich schon gezweifelt, ob man in Rom überhaupt des Kochens kundig sei, diese Mahlzeit war vorzüglich und entschädigte mich für den Fraß der letzten Tage. Zudem wurde mir eine Zweibettkammer zugewiesen, in der ich mit dem Alten nächtigen könne.

Nach dem Essen in unserer Kammer begaben wir uns wie am Vorabend in den Hof des Klosters, die Nacht war ebenso zauberhaft wie gestern, nur meine Mitspieler mieden mich wie der Teufel das Weihwasser. Sobald ich mich einer Gruppe zugesellen wollte, drehten sich alle weg oder begannen intensiv den Himmel zu betrachten und sich über die Schönheit der Sterne auszulassen.

Der Alte war mir nachgekommen, nahm mich beim Ärmel und zog mich in eine Ecke des Gartens, in der ein paar Mönche des Klosters beisammen standen, die offenbar nicht am Turnier beteiligt waren. Hier war ich wohl gelitten, niemand wandte sich ab oder entdecke ganz plötzlich die Vorzüge des Sternenhimmels.

Im Wesentlichen hörte ich dem Gespräch zu und erfuhr so einiges über die Organisation eines Klosters, die tägliche Arbeit und Sorge der

Mönche – wenn's euch interessiert, besucht doch einfach mal ein Kloster, ich glaube, daß Mönche Freude daran haben, über ihr Leben zu berichten.

Über das Spiel wurde nicht ein Wort verloren, was mir eigentlich ganz recht war, mal auf andere Gedanken zu kommen, außerdem schien ich seit meinen Äußerungen zum Turnier bei meinen lieben Mitspielern total unten durch zu sein. Als das Gespräch ein wenig erlahmte, begann einer der Mönche, ein Lied anzustimmen, und die gesamte Gruppe fiel in den Gesang ein. Was konnten die toll singen, gern hätte ich meinen Freunden aus dem Bremischen dieses näher gebracht. Warum ich nicht mitsänge, fragte mich mein Nachbar in einer Pause zwischen zwei Liedern.

Gesang sei so wohltuend, es würde mir beim Entspannen für den nächsten Tag gewiß helfen. Ich erwiderte, daß mich das Angebot sehr ehren würde, es mit meinen Sangeskünsten aber nicht weit her sei, und ich durch mein Mittun nicht diesen herrlichen Musikgenuß zerstören wolle. Kein Problem, meinte er und zauberte unter seiner Kutte eine Trommel hervor, ich könne doch gewiß bis drei zählen und versuchen, den Takt zu ihrem Gesang zu schlagen. Dies wollte ich gerne versuchen, und es gelang mir recht ordentlich, jedenfalls hat sich niemand über meine Trommelkünste beschwert.

Ich verbrachte die Nacht erneut unter freiem Himmel, schlief schnell ein und war am nächsten Morgen gut erholt und bereit zu großen Taten. Auch das Morgenmahl hatte eine erhebliche Verbesserung erfahren, es gab ein Stück recht frischen Brotes mit etwas Käse und einem Krug Milch, so gestärkt brachen wir frohen Mutes auf.

In der Kirche angekommen erlebte ich die erste Überraschung des Tages. Wohl der dritte Teil der Tische war verschwunden, die Verbliebenen standen nicht mehr so dicht gedrängt. Auch die Menschenmenge hatte sich deutlich sichtbar gelichtet. Ich wurde an einen der zentralen Tische verwiesen, wo ich erneut auf mir unbekannte Mitspieler traf, ich mochte den einen oder anderen vielleicht schon einmal gesehen haben, wegen der einheitlichen Tracht der Teilnehmer fiel mir die Unterscheidung nach wie vor schwer.

An diesem Tische wurde von Beginn an um jede Karte, jeden noch so kleinen Vorteil gerungen. Das Turnier schien in eine Phase getreten, wo es kein Vorgeplänkel mehr gab, hier ging's um die Wurst. Meine Mitspieler schauten allesamt recht verbissen in die Runde. Daß ich immer freundlich zurücklächelte, schien für deutliche Irritation zu sorgen und machte die Mienen noch finsterer.

Zumindest mir war das Lächeln noch nicht vergangen, beim bisher erreichten Spielniveau hatte ich keine Bedenken wegen des Ausgangs der heutigen Runde.

Zudem verschlechterte die steigende Verbissenheit der anderen die Qualität der Spiele.

Bis zur Mittagspause hatte ich mir einen soliden Vorsprung erarbeitet.

Das Mittagsmahl – pampige Nudeln, abgestandenes Wasser – nahmen der Alte und ich auf den von der Sonne erwärmten Stufen der Eingangstreppe von San Pietro ein, und wir unterhielten uns, wie am Vortage, über den Spielverlauf.

Der Nachmittag unterschied sich in Nichts vom Vormittag, lediglich die Nervosität meiner Mitstreiter war noch spürbarer. Am Abend stand ich als Tagessieger fest und war heilfroh, der unerfreulichen Stimmung zu entkommen. Das Abendessen im Kloster war so gut wie am Abend zuvor, aber auch hier war ein Stimmungsumschwung zu bemerken. Das Gedränge hatte nachgelassen, augenscheinlich wurden ausgeschiedene Spieler sofort nach Hause geschickt, aber die gestiegene Anspannung bei den Verbliebenen war förmlich mit der Hand zu greifen, die Gespräche zerfahren, das Gelächter laut und schrill, die Bewegungen fahrig, kaum jemand sah mir direkt in die Augen, Blicke wurden abgewandt. Hatte mich die Stimmung im Klostergarten an den vorangegangenen Abenden verzaubert, so fand ich's jetzt nervig und nahm dankbar den Vorschlag des Alten an, den Abend in unserer Kammer zu verbringen.

"Ich habe euch nun fast alles aus meinem Leben berichtet, von euch kenn ich nicht einmal den Namen. Seid so freundlich und laßt mich an eurerm Schiksal teilhaben, welches euch hier nach Rom zu diesem Turniere gefürt haben mag", fragte ich den Alten, nachdem wir auf unseren Pritschen Platz genommen hatten.

"Ja, wenn die Jungen hören mögen, was wir Alten zu berichten haben, so will ich´s gern tun. Mein Name ist Steffen von Hildesheim. Dortselbst wurde ich im Kloster unterwiesen in allen Glaubensangelegenheiten und im Mau-Mau, ja auch mein Name erstrahlte einst am Firmamentum der Größten."

So erfuhr ich, daß Steffen einst Hoffnung seines Ordens gewesen sei, den Papst zu stellen, Rodolphos Vorgänger wohl auch schon voller Furcht, seinen Posten an den Hildesheimer zu verlieren. Ausgerechnet auf dem Klostervorplatz in Hildesheim habe sich am Tage seines Ausgangs eine Gruppe Söldner zusammengerottet, die mit Karl V. plündernd und mordend nach Süden ziehen wollten. Diesen habe noch ein Kompaniepfarrer gefehlt. Auch wenn jene rauhe Gesellen und gewißlich keine Brüder im Glauben waren, so sollte doch ein Geistlicher mitreisen, man könne schließlich nicht genau wissen, nachher gibt es doch einen Gott, und vielleicht gibt das den Ausschlag zum Siege. Und als Steffen dann vor dem Tore auftauchte, wurde er ergriffen und auf den Feldzug mitgeschleppt, alles Jammern und Bitten seinerseits, ihn in Hildesheim zu belassen, damit sein Training fortgesetzt werden könne, war vergebens. Der Hinweis seitens des Anführers der Bande, welche Möglichkeiten die Handhabung von Schwertern und diversen anderen Meuchelgeräten beinhalte, brachten ihn zum Schweigen und machten ihn folgsam.

Diese Schmach habe er noch immer nicht gänzlich überwunden, welch eine Karriere hätte er machen können. Aber nach jahrelangem Umherirren in Allerherrenländer mit einem mordenden, plündernden und brandschatzenden Heer habe er die Freude am Leben und besonders am Mau-Mau fast vollständig verloren. So viel Schlimmes habe er ansehen müssen, unglaubliche Greueltaten von Menschen an Menschen verübt mit dem Segen der Kirche, sodaß auch sein Glauben schwinden wollte. Und nachdem Rom dem Erdboden gleich gemacht worden sei, habe er, Steffen von Hildesheim, beschlossen, nicht weiter in Diensten diese Leute zu bleiben, und sich heimlich bei Nacht davongeschlichen. Er habe sich viele Tage in den Ruinen eines niedergebrannten Klosters versteckt gehalten und gelebt vom Wasser, das sich in Pfützen sammelte, sowie einigen Früchten aus dem fast unversehrten Klostergarten.

Nach Abzug der Soldateska aus Rom sei er halt geblieben, habe beim Wiederaufbau der Klosteranlage geholfen. Seit jenen Tagen sei dies seine Zelle, es mangele ihm an nichts, und sogar mit dem Mau-Mau habe er wieder angefangen, wenn auch nur zum Vergnügen und nicht als ernsthafter Turnierspieler. Trotz all dieser Geschehnissen sei sein Name dennoch nicht gänzlich in Vergessenheit geraten, und man habe ihm den Posten eines Schiedsrichters und Beraters im Rahmen päpstlicher Turniere angeboten. Er habe gerne angenommen, so habe er weiterhin Kontakt zur Mau-Mau Szene, und es sei ihm immer eine große Freude, jungen Spielern wie mir zuzusehen und den einen oder anderen Rat zu erteilen. Er habe ja bereits erwähnt, daß er immer den Tisch betreue, an dem ich spielen würde. Einerseits sei er zwar als Spielleiter zu Neutralität verpflichtet, andererseits aber bekäme jeder Spieler, der die Endrunde erreiche, einen Sekundanten beigeordnet. Die Spieleitung habe zugestimmt, und er hoffe, völlig überzeugt, daß mir der Schritt in die Sixtinische Kapelle gelinge, daß meine Wahl auf ihn fallen möge.

Nachdem er mir ausführlich seinen Lebensweg geschildert hatte, waren wir doch redlich müde und beschlossen, ins Bett zu gehen, der nächste Tag würde wieder meine ganze Konzentration fordern.
  Am vierten Tag des Turniers fehlten nochmals die Hälfte der Tische und Mitspieler vom Vortage, die Ergebnistabellen füllten die Tafeln vollständig aus, ich fand mich gar nicht mehr auf ihnen zurecht. Offensichtlich hatte ich mich aber in die Führungsgruppe gespielt, ich wurde an einem der Zentraltische platziert.
  Lieber Leser, erspare mir die Schilderung der einzelnen Spiele, lediglich eine Begebenheit sorgte für etwas Abwechslung im Tagesablauf. An einem

der Nachbartische entstand plötzlich ein fürchterliches Geschrei, Spieler sprangen auf, zerrten sich gegenseitig an Kutten und Haaren, gingen sich an die Gurgel. Doch so schnell der Tumult entstanden war, so schnell war er auch wieder beendet. HB sprang mit seinen Männern herbei und hieb mit dem Schwert einmal kräftig auf den Tisch. Der Krach brachte die Streitenden postwendend zum Einhalten. Eine scharfe Befragung und Leibesvisitation der Spieler brachte eine ansehnliche Menge an Talismanen, Kräutersäckchen und Phiolen mit zweifelhaftem Inhalt hervor.

Das Spiel an unserem Tische war nun vollends zum Erliegen gekommen, mit größtem Interesse beobachteten wir den Fortgang der Streiterei. Es stellte sich heraus, daß ein Jeder an diesem Tische versucht hatte, seine Gegner mit allerlei Zauberkram zu beeinflussen, die Anderen der Hexerei zu beschuldigen und zu drohen, sie an die heilige Inquisition auszuliefern. Obwohl Gardisten die fünf Spieler inzwischen gepackt hatten, wurden nach wie vor die wildesten Beschuldigungen ausgetauscht. Auf Befehl von HB wurden alle Beteiligten aus der Kirche gezerrt, was mit ihnen später geschehen sein mag, konnte niemand recht sagen. Die Vermutungen gingen aber dahin, daß sie sich glücklich schätzen könnten, als Plumpsklowärter einer Dorfkirche in den Abruzzen unterzukommen und nicht ins Visier der Inquisition zu geraten.

Es folgte ein Vortrag von HB, mehr gebrüllt als gesprochen, was auch seine Wirkung nicht verfehlte, alle saßen stocksteif auf ihren Schemeln und hörten zu: "Ihr Wichte, ihr Nichtsnutze, ihr Abschaum der heiligen katholischen Kirche, wenn ihr meint, mich bescheißen zu können, dann habt ihr euch aber gewaltig geschnitten!"

Weiterhin führte er aus, daß ein jeder die Kirche auf der Stelle zu verlassen habe. Wer weiterhin am Turnier teilzunehmen gedächte, habe sich beim Wiedereintritt in die Spielstätte einer gründlichen Untersuchung durch seine Männer zu unterziehen. Diese hätten Anweisung, eine Untersuchung durchzuführen, über die dereinst in Geschichtsbüchern berichtet und an Lagerfeuern gesungen werden sollte.

So ähnlich kam's dann auch, es wurde nicht nur gründlich, sondern auch sehr herzhaft zugepackt, die Gardisten ließen uns mit jedem ihrer Handgriffe ihre Geringschätzung spüren. Das Ergebnis der außerplanmäßigen Eingangskontrolle konnte sich sehen lassen: einige Spieler suchten sofort das Weite, es gab so manche zerissene Kutte, den einen oder anderen blauen Fleck hatte fast jeder davongetragen, auch euer werter Erzähler hatte einen deftigen Faustschlag ins Kreuz bekommen. Am eindrucksvollsten aber war der Berg an Kräuterbündeln und Gefäßen, der neben dem Eingangsportal entstanden war. So mancher von meinen Mitspielern versuchte dort, von den Gardisten unbemerkt, schnell noch Verbotenes aus dem Ärmel verschwinden zu lassen. Irgendwie war HB auch ganz schön dämlich, hätte er uns doch beim Rausgehen filzen sollen, nicht beim Wiedereintritt. Nun denn, die Schaulustigen vor der Kirche wird's gefreut haben. Als wir am Abend nach Spielschluß wieder vor dem Portal standen, war der Haufen bis auf den letzten Kräuterkrümel verschwunden. Der ganze Kram wurden uns auf dem Kirchenvorplatz dann erneut zum Kauf angeboten.

Nachdem sich die Aufregung gelegt und HB noch ein paar Ermahnungen gebrüllt hatte, konnten die Spiele fortgesetzt werden. Und trotz erheblich besserer Spielstärke dieser Runde als am Vortage ging ich auch hier als Sieger hervor. Dies sollte der letzte Tag in Vincoli gewesen sein, dennoch wurden wir ohne Mitteilung der Ergebnisse ins Kloster zurückgeschickt und sollten alle am Folgetag erneut San Pietro aufsuchen.

Am nächsten Morgen trafen wir uns erneut in der Kirche, Spieler, Schiedsrichter und Schreiber, auch die Garde war wieder vollzählig angerückt. Über Nacht waren Spielstände berechnet und Ranglisten aufgestellt worden, alle der noch verbliebenen Spieler, es mögen um die dreihundert gewesen sein, waren auf den Tafeln vermerkt. Die Spieltische und Schemel waren verschwunden, die Kirchenbänke wieder an ihrem Platz. Wir wurden aufgefordert, uns zu setzen und aufmerksam zuzuhören. Man hätte eine Stecknadel fallen hören können, so still wurde es in der Kirche, und die Anspannung aller Anwesenden war mit den Händen greifbar. Der Spielleiter begann, die Namen zu verkünden, beim Letzten beginnend, rief den Betreffenden zu sich nach vorn und überreichte ein Pergament.

Da ich mich mit Steffen ein wenig im Hintergrund gehalten hatte, konnte ich nicht erkennen, was auf diesen Dokumenten geschrieben stand, aber die Empfänger schienen überglücklich, und so mancher Freudenschrei hallte durch San Pietro.

Der kleine Folterknecht, den ich am ersten Abend im Kloster kennen gelernt hatte, gehörte zu den ersten, die die Kirche verließen. Er hatte es also tatsächlich bis hierher geschafft, und als er an mir vorbeistürmen wollte, erkannte er mich, hielt kurz inne, sah mich lächelnd an und meinte, die Faust in meine Richtung erhoben, er werde sich gewiß meiner ketzerischen Worte erinnern und hoffe, mich dereinst vor einem Tribunal der heiligen Inquisition wiederzutreffen. Ein bißchen gruselig war die Szene schon, und mir lief ein eisiger Schauer den Rücken hinunter. Ein paar Mönche, die ebenfalls die Kirche verlassen wollten, nahmen ihn einfach mit sich und meinten, er solle sich doch erstmal freuen, mal die Sau rauslassen, Rom bei Nacht usw. und nicht alles so verkniffen sehen. Und auch die Bemerkung von Steffen:"Alles Idioten, die ganze Inquisition ist doch ausgemachter Blödkram", konnte mich nicht wirklich beruhigen.

Die Kirche leerte sich zusehends, einer nach dem anderen verschwand freudestrahlend, und als das letzte Pergament übergeben war, waren noch dreißig von uns über. Wir wurden alle nach vorne gebeten, ja, tatsächlich gebeten, nicht kommandiert, und wir erfuhren, daß wir die Glücklichen seien, die die Endrunde erreicht hätten. Unsere Rangordnungsplätze seien nun nicht mehr von Belang, in der Endrunde würden alle wieder bei Null beginnen, wen es interessieren würde, der könne sich gerne an der Tafel rechts außen über sein genaues Abschneiden informieren. Wir sollten bitte einen Moment warten, alle bekämen ein neues Abzeichen auf die Kutte genäht, daß zum Betreten der Spielstätte der Endrunde berechtige. Zudem könnten wir nun bekannt machen, wen wir als Sekundanten mit ins Endspiel zu nehmen gedächten.

Natürlich mußte ich nachsehen, auf welchem Platz ich gelandet war. Immerhin zog ich als Achter in die Endrunde ein. Steffen nörgelte ein wenig herum, wenn ich doch nur am ersten Tage ordentlich gespielt und nicht so rumgedödelt hätte, ich hätte es glatt unter die ersten Drei schaffen können.

Wir erhielten beide einen neuen Aufnäher auf unserem Ärmel und wurden aufgefordert, uns bis zum Sonnenuntergang beim Organisationskomitee im Petersdom zu melden. Die Zwischenzeit könnten wir gerne nutzen, um Rom kennenzulernen, unsere Sachen aus dem Kloster zu holen oder die Spielstätte zu besichtigen. Der neue Ton, den man uns gegenüber anschlug, gefiel mir ausnehmend gut, es ging also doch recht freundlich, und Steffen und ich machten und gutgelaunt auf den Weg.

Zurück ins Kloster mußten wir nicht, ich hatte alles am Leib, was ich besaß und Steffen hatte in weiser Voraussicht seinen Beutel schon am Morgen mitgenommen. Wir machten uns auf den Weg, so schnell, wie wir wollten, nicht gehetzt von Gardisten, und blieben stehen, wenn wir etwas anschauen wollten. Rom war in der Tat eine Stadt im Aufbruch, auch in dem Stadtteil, in dem wir uns befanden, reihte sich Baustelle an Baustelle. Vor jedem zweiten Haus stand ein Tisch oder lag ein Tuch, auf dem Früchte, Brot oder Getränke angeboten wurden. In der Tat waren die Straßen voll von Leuten wie uns, die gaffend und staunend umherliefen, hier und dort stehen blieben, die Einheimischen in Gespräche verwickelten oder um den Preis eines halben Apfels feilschten.

Je näher wir dem Zentrum kamen, desto voller wurden die Straßen, und wir konnten wieder unserer Lieblingsbeschäftigung nachgehen, Schieben und Drängeln. Das päpstliche Turnier hatte offensichtlich Unmengen von Spielern und Schaulustigen in die Stadt geschwemmt, auch an anderen Spielstätten schienen die Vorrunden beendet, und alle befanden sich gleichzeitig im Zentrum.

Der Trubel auf dem Petersplatz hatte nochmals zugenommen, es waren einige Stände und Zelte hinzugekommen, und alle zwei Schritte wurde man am Ärmel gezogen, Verkäufer bauten sich vor uns auf, um uns den Weg zu versperren und ihre Waren an den Mann zu bringen:"Billig, billig!!","Nur hier!!","Supergut!", "Kaufen!","Fast geschenkt!"

Vor dem Zelt einer Hexe mit allerlei Zauberbedarf und Stärkungstränken erkannte ich einen der Mönche, der in San Pietro unter die Ersten gekommen war, lautstark auf die Produkte hinter ihm hinweisend. Nur diesen sei es zu verdanken, daß er so gut abgeschnitten habe, und allen, die die Endrunde erreicht hätten, könne er speziell diese wärmstens ans Herz legen. Auch preislich ließe sich was machen, aber schließlich käme es ja nun nicht auf ein paar Goldstücke an, wenn denn der Erfolg garantiert sei. Original Harzer Herstellungsverfahren seien selbstverständlich, also mal ran hier und großzügig gekauft. Für Geld macht der aber auch alles, dachte ich so bei mir. Nicht ganz ohne Neid, auf die Idee, hier meinen Spielerfolg zu versilbern, wäre ich selbst ganz gern gekommen, das eine oder andere Geldstück hätte sich gut gemacht in meiner Tasche. Aber was soll's, wo man auch hinblickte, die Stände mit Spielzubehör hatten alle ihren klerikalen Vertriebsberater gefunden, ich kam einfach zu spät. Steffen und ich streiften weiter über den Markt, und auch wenn wir nichts kauften, die Atmosphäre genossen wir in vollen Zügen. Mir war überhaupt nicht aufgefallen, wo auf dem Markt wir uns eigentlich befanden, als wir plötzlich vor einem kleinen blauen Zelt standen und mein Herz einen Schlag aussetzte.

Selbst mit verbundenen Augen wäre mir wegen des Duftes nach Kräutern und Gebäck, der dem Zelt entströmte, sofort klar gewesen, mit wem wir es zu tun hatten. Während ich mich über das Wiedersehen unheimlich freute, war Steffen seine Abneigung gegen diese Begegnung deutlich ins Gesicht geschrieben, es ist halt nicht jedermanns Geschmack, mit einer Hexe Tee zu trinken.
"Nehmt Platz, sollt ein wenig Ruhe finden bei mir, werdet hungrig und durstig sein," wurden wir begrüßt. Ich kam der Aufforderung, mich zu setzen, gerne nach. Steffen folgte nach einem Moment des Zögern mit Widerwillen, einen Moment später hatten wir einen Becher mit Kräutertee in der Hand und auch mein Begleiter begann sich zu entspannen. Wie von Zauberhand tauchte verschiedenes Gebäck und Kuchen auf dem Tisch auf, und ich langte kräftig zu, wir waren ja schließlich den ganzen Vormittag unterwegs gewesen.

Nachdem der erste Hunger und Durst gestillt waren, wurde ich nach meinen Erlebnissen der letzten Tage befragt, und ich berichtete gern und ausführlich, hin und wieder von leise eingeworfenen"Hab´s doch gewußt!" unterbrochen.

Ich wäre gern noch länger geblieben, aber Steffen fing nach einer Weile an, zum Aufbruch zu drängen, und er hatte ja recht, schließlich sollten wir bei Sonnenuntergang unsere Meldung zur Endrunde erledigt haben, außerdem wollten wir noch die Spielstätte besichtigen. Mit den besten Wünschen für die Zukunft und der Hoffnung auf ein baldiges Wiedersehen wurden wir verabschiedet und machten uns auf den Weg. Nachdem wir uns so zwei- bis dreimal auf dem Markt verlaufen hatten und im Kreis umhergeirrt waren, fanden wir endlich einen Ausgang und den Weg zur Sixtinischen Kapelle.

Ich war gespannt, den Spieltisch des Papstes besichtigen zu dürfen, und freute mich auf gediegene und teure Einrichtung. Umso enttäuschter war ich, als wir die Kapelle, von außen wirklich eindrucksvoll, betraten und …. bis auf ein zur Decke reichendes Gerüst überhaupt keine Einrichtung vorfanden.

In der Mitte des weitläufigen Raumes, der mit fein behauenen Steinplatten ausgelegt war, stand ein Mann, in eine sandfarbene, mit Farbklecksen übersähte Tunika gehüllt, mit einem Pinsel und einem Tonkrug in den Händen und blickte zur Decke hinauf. Unwillkürlich folgten wir seinem Blick und sahen ein wundervolles Gemälde, es schien eine Szene der Schöpfungsgeschichte darzustellen. Wir waren beide schwer beeindruckt, aber schwerer Eindruck hin oder her, hier sollte morgen die Endrunde des päpstlichen Mau-Mau Turniers stattfinden. Keine Spieltische, keine Stühle, keine Lampen, keine Vorhänge an den Fenstern, nichts, was auf eine größere Veranstaltung hindeutete. Hinter uns betrat eine Gruppe Mönche die Kapelle, ebenso verwirrt umherblickend wie wir, und verschwand sofort wieder. War dies der falsche Ort, die falsche Zeit?

Ich ging auf den Mann im Zentrum der Kapelle zu, stellte mich vor und fragte, was hier los sei.

Er sei Herr Buonarroti, Maler seines Zeichens und habe von Rodolpho persönlich den Auftrag zur Gestaltung der Kapelle erhalten. Ihm sei schon klar, daß er die Arbeiten bis zum kommenden Tage abgeschlossen haben müsse, eigentlich hätte er bereits vor einer Woche fertig sein sollen, aber das sei völlig unmöglich gewesen. Und überhaupt, immer diese engen Termine, er könne ja verstehen, daß die Leute sich auf einen Einzugstermin festgelegt hätten. Aber man müsse halt auch mal die Seite der Handwerker betrachten, man sei ja schließlich kein Zauberer, und wenn er einen solche brauche, solle er, der Papst, sich doch mal fix auf dem Markt am Petersplatz umsehen, da gäbe es an Zauberern und Hexen gewißlich keinen Mangel. Und überhaupt habe er so langsam die Schnauze voll, ewig drängeln und rumnörgeln, immerzu Änderungswünsche, und ums Geld feilschen wollen sie dann auch noch. Welcher Handwerker soll denn unter solchen Umständen perfekte Arbeit abliefern?

"Na Sie! Das Bild ist doch wahrhaft phantastisch, ein Kleinod der Malerei, ein Beispiel moderner Handwerkskunst," dachte ich bei mir, muß es dann wohl doch laut ausgesprochen haben, denn ein Lächeln erschien auf seinen Lippen, und er fing an, mein gutes Auge zu loben. Endlich mal jemand, der ehrliche Handarbeit noch zu schätzen wisse, außerdem könne ich gern Michelangelo oder einfach kurz Michel zu ihm sagen, Buonarroti sei doch ein wenig förmlich. So entwickelte sich ein munterer Plausch, Michelangelo berichtete, wie das Leben als Maler so sei, gar nicht so schlecht, man könne eigene Ideen verwirklichen, echt kreativ sein, und auch an der einen oder anderen Skulptur habe er sich versucht. Gerade jetzt im Rom des Aufbruchs und des Neubaus gäbe es für Handwerker jede Menge zu tun, man müsse natürlich sehen, daß die Auftraggeber über die nötigen Mittel verfügten und diese dann auch rausrücken wollten. So habe er letzlich die Villa eines echten Idioten auf's vortrefflichste von Innen und Außen bemalt, Standbilder für die Gartenanlage geschaffen, ja sogar ein Muster für die Vorhänge habe er entworfen. Und als es dann ans Bezahlen ging, habe sein Auftraggeber behauptet, der Farbton sei einfach nicht wie abgesprochen, in diesen Räumen müsse man ja Kopfschmerzen bekommen, und er, Buonarroti könne froh sein, wenn er nicht noch auf Schadensersatz verklagt werde. Eine Bezahlung käme unter den gegebenen Umständen selbstredend nicht in Frage.

Aber alles in allem, er wolle eigentlich nicht klagen. In früheren Zeiten, als die Menschen schon perfekt eingerichtet waren, war es schwer, an Aufträge zu kommen. Nur die ganz Reichen hätten sich ihren Hofmaler gehalten, der dann allerdings das habe tun müssen, was gewünscht wurde. Man habe doch teilweise den letzten Scheiß gemalt, nur um nicht auf die Straße gesetzt zu werden. So gesehen müsse man Karl V. schon fast dankbar für die Plünderung und Brandschatzung Roms sein. Das Handwerk habe davon jedenfalls gewaltig profitiert.

So interessant das Gespäch auch war, irgendwann konnte ich das Zupfen und Zerren an meinem Ärmel nicht mehr ignorieren. Und Steffen hatte recht, wir mußten uns noch einschreiben, außerdem sollte ich den guten Mann hier nicht weiter von seiner Arbeit abhalten, am kommenden Morgen mußte schließlich alles für die Endrunde fertig sein. Ich wünschte dem Maestro gutes Gelingen und einen zahlungsfreudigen Papst, verabschiedete mich und gab der Hoffnung Ausdruck, man möge sich mal auf einen Krug Bier zusammensetzen und den wahrhaft spannenden Gedankenaustausch weiterführen.

Der Eingang zum Petersdom war stark bewacht, Einlaß wurde nur nach gründlicher Leibesvisitation gewährt, aber auch hier hatte der Ton sich spürbar geändert, selbst die Schreiberlinge an den Meldetischen waren wie ausgewechselt. Teilweise war ich von ihrem schon fast unterwürfigen Ton peinlich berührt. Was Erfolg im Mau-Mau doch so alles bewirken kann. Die Formalitäten waren zügig erledigt, wir wurden zur Frühmesse am Folgetag in den Petersdom bestellt und zur Nacht an ein Kloster um die Ecke verwiesen. Ein Mönch eilte herbei, stellte sich als unser Führer vor und wollte unser Gepäck übernehmen. Nachdem er begriffen hatte, daß es kein Gepäck gab, ging er voran, zeigte uns den Weg in unser Nachtquartier, dabei bekamen wir einen kleinen Exkurs zur Entstehungsgeschichte und derzeitigen Aufgabe des Klosters. Uns wurde eine sehr geräumige Zweibettkammer zugewiesen, erklärt, wie wir zu jeder Zeit an Speisen und Getränke kämen. Zuletzt erfuhren wir noch, wie groß die Ehre für das gesamte Kloster sei, gerade uns, die wir im Turnier so stark gespielt hätten, beherbergen zu dürfen. Nun gut, auch wir gaben uns hoch erfreut über den netten Empfang und versicherten, diese Stätte in bester Erinnerung behalten zu wollen. Auch hier beschlich mich das ungute Gefühl, irgendetwas nicht ganz begriffen zu haben. Natürlich würde ich das Willkommen in guter Erinnerung behalten, aber letzlich machte mich das devote Verhalten, das mir am heutigen Tage entgegen gebracht wurde, schon fast ein wenig mißtrauisch. Was wollten die von mir, reine christliche Nächstenliebe war's jedenfalls nicht, dann hätte man mich bei meiner Ankunft vor einer Woche ja auch mit ein wenig Respekt behandeln können.

Ich verdrängte mein Mißtrauen, freute mich über die gute Unterkunft, das hervorragende Essen und war nach dem Abendbrot redlich müde. Steffen meinte, er müsse dringend noch etwas mit mir besprechen, er habe nach wie vor den Eindruck, ich ginge mit völlig falschen Voraussetzungen an das ganze Turnier heran.

Ich war müde und hatte einfach keine Lust mehr auf irgendwelche Ratschläge. So sehr ich Steffen von Hildesheim auch zu schätzen gelernt hatte, ich wollte nur noch zu Bett. Sprach's, legte mich nieder, drehte mich einmal um und war auch schon eingenickt.

Am nächsten Morgen, die Sonne war noch nicht aufgegangen, der Horizont leuchtete aber bereits feurig orange, weckte uns das beständige Läuten der Klosterglocken, vor unserer Türe standen zwei Krüge frischen Kräutertees und ein Laib duftenden Brotes zum Frühstück bereit. Kaum daß wir gegessen hatten, erschien ein Mönch und drängte zum Aufbruch, in Kürze würde die Frühmesse im Petersdom beginnen, und Rodolpho lege allergrößten Wert auf pünkliches und vollzähliges Erscheinen. Wir eilten hinüber in den Dom, nahmen in einer der mittleren Reihen Platz und hatten noch ein paar Minuten bis zum Beginn des Gottesdienstes. Die Kirche war längst nicht so überfüllt wie am Eröffnungsabend, stehen mußte niemand, und so mancher Platz in den Bänken blieb frei. Einfache Mönchskutten und Priestergewänder waren nur noch vereinzelt zu sehen, es überwogen goldbestickte Gewänder aus feinstem Leinen in weiß, rot und violett. So kam ich mir doch ein wenig merkwürdig vor im meiner alten Joppe, auch Steffen in seiner fadenscheinigen Kutte stach aus der Menge deutlich hervor.

Ich hatte allerdings keine Zeit mehr, mir über Äußerlichkeiten Gedanken zu machen, Rodolpho betrat den Raum, alles Gemurmel erstarb sofort, und wir blickten gespannt auf den Papst. Nach einer kurzen Einführung, wir wüßten ja schließlich alle, was auf dem Spiel stünde, erläuterte er den weiteren Ablauf der Veranstaltung. Die Sixtinische Kapelle sei noch heute nacht als Spielstätte fertig- gestellt worden, und wenn schon der Papsttisch zu Vorrundenbeginn habe ausweichen müssen, nun sei alles perfekt. Wir würden uns in genau einer Stunde im Eingangsbereich der Kapelle treffen, die Zwischenzeit könne jeder nutzen, wie es ihm beliebe. Auch wenn alle Anwesenden von höchster moralischer Integrität seien, im Vorraum des Doms habe man ein paar Beichtstühle besetzt, jetzt sei noch Gelegenheit, die eine oder andere Verfehlung aus der Vorrunde zu bereuen. Zudem sei es dem vatikanischen Bankhause gelungen, einen Ablaßbrief auf den Markt zu bringen, speziell für Falschspieler. Das Produkt sei in der Vatikanbank diskret zu einem dem Anlaß angemessenen Preis zu erwerben.

Er wünsche allen Teilnehmern viel Erfolg zum Wohle der heiligen katholischen Kirche.

Während einige der Anwesenden in den Beichtstühlen verschwanden, ein größerer Teil schnurstracks die Vatikanbank ansteuerte, gingen mein Begleiter und ich in die päpstlichen Gartenanlagen, um uns ein wenig die Füße zu vertreten. Erste Sonnenstrahlen wärmten uns, die Vögel waren erwacht und mir ging es richtig gut; an diesem herrlichen Ort weilen zu dürfen, am größten Mau- Mau Turnier teilzunehmen, ich war doch ein rechter Glückspilz.

Diese Gelegenheit nutze Steffen, um mir endlich mitzuteilen, was ihm schon geraume Zeit auf dem Herzen lag. Da ich am Vorabend keine Lust mehr gehabt habe, ihm zuzuhören, müsse er nun diesen Spaziergang nutzen für eine Mitteilung größter Tragweite. Ich könne doch nicht unter falschen Voraussetzungen an der Endrunde teilnehmen. Mit immer größerer Verwunderung, die letztlich wahrem Entsetzen wich, hörte ich, was er über das Turnier zu sagen hatte. Als er geendet hatte, war ich völlig sprachlos. Wie konnte ich nur so dumm gewesen sein, ich hatte alles vor Augen gehabt, die Zeichen waren so klar gewesen.

Lieber Leser, euer Held war geschockt, Verzweiflung nagte an seinem Hirn. Würde er sich davon erholen können?

Benommen und nicht in der Lage einen klaren Gedanken zu fassen, erreichte ich in Steffens Schlepptau die Sixtinische Kapelle. Ich übersah den Papst, der von zwei Mitarbeitern seines Sekretariates gesäumt am Eingang stand und jeden Ankommenden persönlich mit Handschlag begrüßte. Erst nach einem kräftigen Knuff in den Rücken, wenigstens mein Begleiter achtete noch auf Etikette, erhob ich meine schlaffe Hand und ließ sie von Rodolpho drücken. Wie durch einen Nebel sah ich sein Gesicht, sah seine Lippen sich bewegen, hörte aber nur ein Rauschen und Tosen in meinen Ohren. Willenlos ließ ich mich von Steffen in den Spielsaal führen, Mönche, die uns Tabletts mit Häppchen und Getränken vor die Nase hielten, ignorierend. Es dauerte eine Weile, bis mein Blick sich klärte. Meine Wahrnehmung normalisierte sich, und ich gewahrte einen Raum, der mit dem Raum, in dem ich gestern Michel kennengelernt hatte, nicht mehr viel gemein hatte. Der schöne Steinfußboden, die phantastischen Gemälde waren wie am Vortage, ansonsten mußten eine ganze Kompanie an Handwerkern die Nacht durchgearbeitet haben. Sonnenlicht strahlte durch Fenster, die von tiefroten Samtvorhängen eingerahmt wurden, und spiegelte sich auf polierten Ebenholztischen, an denen lederbezogene, gepolsterte Lehnstühle standen. Die Ausdünstungen der neuen Möbel überdeckten fast den Geruch nach Olivenöl der noch nicht ganz getrockneten Farben. Riesige Kristallüster hingen von der Decke, jeder wohl mit hunderten von Kerzen bestückt. Zwischen den Spieltischen und an den Wänden der Kapelle standen in kleinen Grüppchen Kardinäle, Bischöfe und Äbte in lebhafte Gespräche vertieft, fast jeder ein Glas, hier wurde augenscheinlich Wein und kein Wasser gereicht, und ein paar Häppchen in der Hand. In einer entfernten Ecke sah ich ein paar Nonnen und Äbtissinnen auf einem Haufen stehen. Meinen verwunderten Blick bemerkend, erklärte mein

Sekundant, selbstverständlich gebe es ja auch weibliche Würdenträger in der Kirche, diese hätten ihre Vorrunde an einem anderen Ort ausgetragen und würden, Gleichberechtigung hin oder her, auch im Endspiel nur bis zu einem gewissen Punkt zugelassen sein.

Wahrlich, dies war ein würdiger Ort, ein päpstliches Mau-Mau Turnier auszutragen. Besonders ins Auge stach der im Zentrum stehende Papsttisch. Gewiß von doppeltem Umfange wie alle anderen Tische, auf einem kleinen Podium aufgebaut, überragte er alle anderen Tische. Seine Platte schien besonders poliert worden zu sein, sie schimmerte gülden in der Morgensonne. Und wärend die Spieler ansonsten regelmäßig über den gesamten Raum verteilt standen, zum Zentraltisch suchte jeder einen deutlichen Abstand.

Gerade, als ich mich fragte, wann es denn nun losgehen sollte, betrat ein älterer, schlicht gekleideter Mönch den Saal, klatschte kräftig in die Hände, um unserer Aufmerksamkeit gewiß zu sein, und stellte sich als unser Spielleiter vor. Er sei im übrigen völlig unabhängig, verpflichtet nur der heiligen Kirche, auch Rodolpho habe in den nächsten Tagen keinerlei Weisungsbefugnis ihm gegenüber. Ein Jeder, der eine berechtigte Beschwerde vorzubringen oder eine strittige Regelauslegung entschieden haben möchte, möge sich vertrauensvoll an ihn wenden, er werde eine zügige Entscheidung herbeiführen und sich nicht scheuen, selbst gegen höchste kirchliche Würdenträger vorzugehen. Ein gewisser Unmut schien sich unter den Umstehenden breit zu machen, besonders unter den angesprochenen höchsten Würdenträgern. Aber niemand wagte offenen Protest, und alle ließen die Ansprache über sich ergehen. Auf ein erneutes Handzeichen des Oberschiedsrichters erschien eine Gruppe von Mönchen, die als Tischschiedsrichter vorgestellt wurden und einer nach dem anderen eine Liste mit Namen von einem Pergament ablasen, die Aufgerufenen um sich versammelten und an einen der Spieltische führten. SvH und ich wurden ebenfalls aufgerufen und, als unsere Gruppe vollzählig war, an den vorbestimmten Tisch geführt.

Die Spieler und der Schiedsrichter sollten mit ihren Stühlen direkt am Tisch, die Sekundanten ein wenig schräg versetzt hinter ihrem jeweiligen

Klienten Platz nehmen. Mit mir am Tisch waren zwei Mönche und ein Priester in einfachen Gewändern, der Priester kam mir bekannt vor, er hatte wie ich die Vorrunde in San Pietro absolviert, sowie ein Bischof und ein Klostervorsteher. Der Bischof schien sich an unserem Tisch ganz am äußersten Ende der Sixtinischen Kapelle überhaupt nicht wohl zu fühlen, er schimpfte beständig vor sich hin, was für eine Frechheit es sei, ausgerechnet ihn, Bischof von Husum und Kleintondern an diesem Tische zu platzieren, umgeben von niedersten Chargen der Kirche.

Er habe dem Papst immer treu gedient und nun dieses. Und überhaupt, jemanden ohne jedes Amt in der heiligen katholischen Kirche an seinem Tische, -- damit war ich dann wohl gemeint --, dies sei eine Zumutug ohnegleichen, und er werde sich stehenden Fußes beim Oberschiedsrichter beschweren gehen. Sprach´s, wuchtete sich aus seinem Stuhl hoch, er war ein ganz klein wenig übergewichtig, und walzte, seinen Helfer mit sich zerrend zum Zentraltisch. Da ein beständiges Gemurmele den Raum erfüllte, konnte keiner von uns verstehen, was der Bischof dem Oberschiedsrichter vorzutragen hatte. Nachdem er einige Minuten später aber an unseren Tisch zurückgekehrt war, konnte wir seinem Gesicht das Ergebnis seiner Beschwerdeführung entnehmen. Sein Gesicht war krebsrot angelaufen, der Farbton konkurrierend mit dem der Gardinen, von den Falten seines Doppelkinns tropfte der Schweiß, und er nestelte an seinem Kragen herum, als würde er keine Luft bekommen. Den Nebengeräuschen seiner Atmung nach zu urteilen, war er tatsächlich dem Erstickungstode nah. Er brauchte ein wenig, um wieder zu Luft zu kommen, hatte aber dann keinerlei Schwierigkeiten, aus seinen Schweinsäuglein haßerfüllt in unsere Runde zu blicken.

"Na das kann ja spaßig werden," dachte ich so bei mir, stieß den neben mir sitzenden Mönch leicht an, beugte mich zu ihm und fragte leise, ob so ein Verhalten bei Bischöfen wohl üblich sei. Dieser schüttelte nur leicht den Kopf und antwortete mit einem Lächeln, Blödmänner gebe es halt überall, davor sei auch die Kirche nicht gefeit. Er habe die Erfahrung gemacht, das charakterliche Mängel in der Hirarchie nach oben eher zunähmen. Das Letztere mußte der Bischof mitbekommen haben, wenn Blicke töten könnten, wären mein Sitznachbar und ich auf der Stelle tot vom Stuhl gekippt. Zum Segen ergriff nun unser Schiedsrichter das Wort, erklärte, welche Ehre es für ihn sei, hier bei der Endrunde dabei sein zu dürfen, auch wenn er nur einen der äußersten Tische zugewiesen bekommen habe. Er bitte dringlichst um Ruhe und einen freundlichen Umgangston miteinander, und wenn wir soweit wären, würde er gern zum ersten Spiel mischen.

Die letzte Stunde war derart aufregend gewesen und hatte mich völlig in ihren Bann gezogen, daß erst jetzt, nachdem ich die Karten in der Hand hatte und in der ganzen Kapelle Ruhe eingekehrt war, Steffens Ausführungen von unserem Spaziergang aus der Tiefe meines Unterbewußtseins wieder auftauchten. Es gelang mir einfach nicht, mich aufs Spiel zu konzentrieren, zu ungeheuerlich war das Gehörte. Wie es halt so geht, wenn man nicht konzentriert genug ist, man verliert ein Spiel nach dem anderen. Andauernd stieß mich Steffen an, gab mir Tipps, machte mich auf Spielsituationen aufmerksam, es nütze nichts, ich war einfach nicht bei der Sache. Es kam wie es kommen mußte, zur Mittagspause lag ich weit abgeschlagen auf dem letzten Platz und erntete so manch mitleidigen Blick von unserem Schiedsrichter. Beim Aufbruch zum Mittagsbuffet hörte ich gar, wie er sich bei SvH erkundigte, wie ich denn wohl die Vorrunde überstanden hätte. Mir kam die Pause gerade recht, ein wenig Ehrgeiz regte sich noch in mir, und ich bat Steffen um eine Analyse des bisherigen Spielgeschehens, hatte ich doch die Informationen vom Morgen insoweit verdaut, daß ich mein Augenmerk wieder auf die anstehenden Spiele richten konnte. Mein Berater war entsetzt über mein Spiel vom Vormittag, selbst bei seinem ersten Mau-Mau Turnier, an dem er als junger Mann dereinst teilgenommen hatte, wäre ihm Ähnliches nicht untergekommen.

Ja, er habe noch nie in seinem Leben einen derart grottenschlechten Kartenspieler wie mich gesehen. Das saß! Ich beschloß, daß mir der Zweck dieses Turniers ab sofort egal sei und kehrte zu meiner Einstellung vom Vortage zurück: einfach nur Mau-Mau spielen.

Als nach der Mittagspause das erste Blatt gegeben war, durchflutete mich alte Zuversicht und schon die ersten Kartenwechsel trugen mir erstaunte

Blicke meiner Mitspieler ein. Hatten sie in mir bisher eher das leichte Opfer gesehen, das hier nur als Punktelieferant herhalten würde, wurden sie nun mit meiner wahren Mau-Mau Kunst konfrontiert. Zum Spielschluß am Abend hatte ich mich an unserem Tisch auf den dritten Rang vorgearbeitet, als Erster beendete der Mönch zu meiner Rechten den Tag, der Bischof war auf dem zweiten Platz gelandet. Der Spielleiter beendete die heutige Runde, beglückwünschte uns für unser schönes Mau-Mau und gab seiner Hoffnung Ausdruck, auch am nächsten Tag mögen Spiele höchsten Niveaus zu sehen sein. Ansonsten sollten wir uns noch einen Moment gedulden, das päpstliche Sekretariat habe im Vorraum der Kapelle eine Kleinigkeit vorbereitet, man sei aber noch nicht ganz fertig. Ich nutzte die Gelegenheit zu einem kleinen Plausch mit meinem Tischnachbarn. Er erzählte mir, daß er aus Kastilien stamme, dort aber wohl keine weitere Karriere machen könne, daher sei sein Ziel nun der Bischofssitz von Betancuria auf Fuerteventura. Die Landschaft dort sei zwar sehr herb und karg, aber das Klima phantastisch und die Menschen nett und friedlich, und allein das seien Gründe, die kanarische Inseln anzupeilen.

Stühlerücken allenthalben beendete unser Gespräch, es war einfach kein Wort mehr zu verstehen. Und wir schlossen uns der zum Ausgang drängenden Masse an. Noch bevor wir den Vorraum überhaupt betreten konnten, kamen uns die Ersten mit wohlgefüllten Tellern voller leckerer Sachen schon wieder entgegen. Derweil huschten Mönche mit großen Tonkrügen von Tisch zu Tisch, um dort zwischenzeitlich angedeckte Kelche mit einem goldgelben Getränk zu füllen. Die Verpflegung hier war jedenfalls um Klassen besser, als ich es bisher in Rom kennen gelernt hatte. Uns gingen die Augen über, als wir das Buffet erreicht hatten. In meinem ganzen Leben hatte ich noch nie eine derartige Menge und Vielfalt an Speisen gesehen, hier waren Dinge aufgetragen, von denen ich nicht einmal den Namen kannte. Völlig verunsichert begannen wir, hier und dort ein Stückchen auf unsere Teller zu füllen und kehrten zu unserem Tisch zurück. Dort war der Bischof aus Husum bereits kräftig am Essen, er hatte sich vermutlich ein wenig vorgedrängelt. Auf seinem Teller türmten sich die Speisen wohl eine Elle hoch, die verschiedensten Sachen waren durcheinander gemanscht,

Fisch auf Fleisch, Gemüse, Früchte, die verschiedensten Soßen. Und mit beiden Händen stopfte er sich Teil um Teil in den Mund, zwischendurch einen großen Schluck des köstlichen Weines hinterherspülend, es war einfach eklig. Auf jeden Fall war nun sonnenklar, warum der Typ derart fett war. Und noch bevor wir richtig mit dem Essen begonnen hatten, sprang er auf und eilte, im Wege stehende Mitspieler einfach zur Seite rempeld, mit seinem vollständig geleerten Teller erneut zum Buffet, um sich eine zweite, ähnlich große Portion zu holen.

Ich muß es gestehen, auch ich habe mehrfach das Buffet aufgesucht, nun etwas mutiger zugreifend. Besonders eine schöne Auswahl an Süßspeisen hatte es mir angetan, verschiedenfarbige Kuchen, von denen fingerdicker Zuckerguß tropfte, in Honig eingelegte Früchte und diverse Schalen mit Pudding. Aber irgendwann war sogar unser Fettmops aus Husum gesättigt, wir ließen uns nochmals Wein nachschenken und hingen pappsatt in unseren Stühlen, kaum mehr fähig, uns zu rühren. Mit dem Mönch, der Bischof von Betancuria werden wollte, er hieß Xavier, seinem Sekundanten und SvH führte ich eine muntere Unterhaltung. Ich erfuhr manch Wissenswertes zur spanischen Geschichte und bemerkte kaum, daß uns dauernd Wein nachgeschenkt wurde. Als Steffen zum Aufbruch gemahnte, hatte ich arge Schwierigkeiten, aus meinem Stuhl hochzukommen, meine Beine wollten nicht das, was ich wollte. Irgenwie haben wir es dann aber doch zurück ins Kloster geschafft, und fielen in einen tiefen, traumlosen Schlaf.

Am folgenden Morgen hatte ich ein Problem, zwar taten meine Gliedmaßen wieder, wie ihnen befohlen, nur mein Kopf hatte über Nacht den doppelten Umfang angenommen, meine Lider ließen sich nicht recht öffnen und Frühstück ging gar nicht. Vermutlich war einer der Kuchen ein klein wenig verdorben gewesen. Wie auch immer, ich erreichte mit Steffen den Spielort und blickte in aufgedunsene Gesichter, schwarzgeränderte und rotunterlaufene Augen, die bei einigen meiner Mitspieler zusätzlich einen dezenten Stich ins Gelbliche angenommen hatten. Das Spiel fand in fast vollständiger Ruhe statt, hing sonst immer eine Geräuschwolke über den

Spieltischen, heute war jegliches Gemurmel und Getuschel verstummt, ein Jeder war doch mehr mit sich selbst beschäftigt als ein Gespräch zu suchen. Das Spiel war genauso ruhig und langweilig. Solange die meisten Spieler noch Probleme hatten, die Karten gerade zu halten und überhaupt als Karten zu erkennen, war mehr wohl auch nicht zu erwarten. Nachdem wir uns gemeinsam durch den Tag gequält hatten, hatte am Abend Xavier die Führung an unserem Tisch übernommen, ich war Zweiter und unsere Freund aus Husum Dritter. Damit würden wir im Turnier bleiben, für die Übrigen bedeutete es das Aus. Sie durften noch am gemeinsamen Nachtmahl teilnehmen, das bedeutend sparsamer ausfiel als am Abend zuvor. Auch die Küche schien ihre Erfahrungen mit päpstlichen Mau-Mau Turnieren zu haben und hatte nicht einmal die Hälfte der Menge vom Vortage aufgefahren.

Dennoch blieben die meisten Speisen unberührt, auch dem Wein wurde kaum zugesprochen, wohingegen Wasser reißenden Absatz fand. Nach kurzer Zeit löste sich die gesamte Gesellschaft auf, einige murmelten etwas von dringenden Terminen, und ich war einfach nur froh, ins Bett zu kommen.

Am dritten Tag der Endrunde erwachte ich frisch und voller Tatendrang nach 10 Stunden Schlaf. Wir nahmen ein kleines Frühstück im Kloster ein, die mit uns frühstückenden Mönche gratulierten mir zum Verbleib im Turnier, und frohgestimmt brachen wir zur Sixtinische Kapelle auf.

Mit der Einrichtung war über Nacht das geschehen, was wir aus San Pietro schon kannten, etwa die Hälfte der Tische fehlten, die Verbliebenen standen nun nicht mehr so dicht gedrängt, und die Spielrunden wurden neu zusammengestellt. Ich wurde gemeinsam mit Xavier wiederum einem Tisch am äußersten Rand zugeteilt, der Bischof aus Husum war anderswo platziert worden, was mich aber nicht wirklich traurig stimmte. Mit uns am Tisch ein weiterer Mönch, zwei Bischöfe und ein Abt. Bis auf Xavier, der mir freundlich zugenickt und sich gleich den Platz neben mir gesichert hatte, blickte ich in verschlossene Mienen, kaum eine Regung, kein Lächeln. Alle Spielteilnehmer machten einen hoch konzentrierten Eindruch, auch heute wurde nicht ein Wort gewechselt, es war totenstill im Spielsaal. So verbissen die Mienen, so verbissen auch das Spiel. Das war kein Spiel mehr, jetzt tobte eine Schlacht, und niemand wich auch nur eine Spur zurück. Kein Spieler an unserem Tisch war in der Lage, einen deutlichen Vorsprung herauszuspielen. Es wurde mit allen erlaubten und unerlaubten Tricks gespielt, es wurde gemogelt, was das Zeug hielt, zumindest so lange der Schiedsrichter nichts davon mitbekam. Es half alles nicht, zu Spielende langen wir fast gleich auf. Beim gemeinsamen Essen wurde wieder ein wenig kräftiger zugelangt, und auch die Gesichtszüge meiner Mitspieler entspannten sich ein wenig. Aber ein lockeres Gespräch wie am ersten Abend wollte nicht in die Gänge kommen, selbst beim Wein belauerten wir uns mißtrauisch.

Der vierte Spieltag glich dem Dritten wie ein Ei dem Anderen. Die Schlacht wogte, wir nahmen die Umgebung nicht mehr wahr, das Spiel vereinnahmte uns völlig, ja, wir selbst wurden zum Spiel. Nachdem die letzte Karte gespielt war, saßen wir wie erstarrt auf unseren Stühlen und konnten uns kaum rühren, geweige denn ein Wort hervorbringen. Es war vorüber, wir hatten uns in eine Art Rausch gespielt, und selbst unser Schiedsrichter blickte nur schweigend in die Runde. In diesem Moment verspürte ich eine unendliche Traurigkeit über das Ende des Spiels, es war mir total egal, auf welchem Platz ich gelandet war, auch über den letzten Rang wäre ich kein bißchen enttäuscht gewesen.

Ja, liebe Leser, diese Extase, diesen Spielrausch bietet nur das verschärfte Mau- Mau. Mühle, puh-hu, Halma, bäh, Mikado, öde und nur was für Warmduscher und Kamillenteetrinker. Wer wirklich was erleben will, wer sich nicht zu fein ist, Blut und Wasser zu schwitzen, dem kann ich nur sagen:"Mein Freund, lerne Mau-Mau, und eine neue Welt wird sich dir auftun, mit unendlichem Hochgefühl und abgrundtiefen Schrecken!!"

Aber genug der Ratschläge, zurück nach Rom und mitten hinein ins Geschehen:

Langsam tauchten wir auf aus unserer Erstarrung und blickten gespannt zum Schiedsrichter in Erwartung unserer Platzierungen. Nun würden die sechs Spieler benannt werden, die sich zum Endkampf am Papsttisch qualifiziert hätten, alle anderen würden eine Bestätigung ihrer Funktion in der Kirche erhalten. An den umliegenden Tischen war bereits gedämpfter Jubel zu vernehmen, dort bekamen die Spieler Urkunden überreicht, nur an unserem Tisch rührte sich nichts. Und wir sollten weiterhin enttäuscht werden, das Spielprotokoll verschwand in einem schwarzen Aktendeckel und wurde an einen Boten übergeben, der schon hinter unserem Spielleiter gewartet hatte. Etwas verwirrt blicke ich in die Runde und fragte Steffen, was das denn nun zu bedeuten hätte. Er hatte keine Ahnung, auch Xavier konnte nicht weiterhelfen. Zwischenzeitlich war der Oberschiedsrichter erschienen, sagte, wir mögen etwas Geduld haben, es sei an unserem Tisch ein Umstand eingetreten, der besonders zu würdigen sei. Wir mögen doch mit nach vorn gehen und uns auch schon mal ein paar Häppchen nehmen und mit den Anderen feiern.

Uns war überhaupt nicht zum Feiern zu Mute, wir standen mit unseren Sekundanten abseits, nun geeint in unserer Enttäuschung und schimpften wie die Rohrspatzen über diese Frechheit und Ungerechtigkeit, die ausgerechnet uns angetan wurde, man hätte doch schließlich einen anderen Tisch auf die Ergebnisse warten lassen können. Nachdem wir eine mittlere Weile geschimpft und gezetert hatten, kam der Spielleiter zu uns zurück, tippte mir auf die Schulter und bat mich, ihm zu folgen, ohne Steffen, ohne weitere Begleitung. Leicht verwirrt ging ich mit, durch ein Nebengelaß ging es eine lange Treppe hinab in die Unterwelt des Vatikans. Durch verschiedene Gänge, beleuchtet von gelegtlich angebrachten Fackeln, die zwar den Gang nicht sonderlich gut beleuchteten, dafür aber alles vollqualmten und einen fiesen Geruch verströmten, erreichten wir schließlich eine Treppe, die uns in ein Gebäude führte, das ich noch nicht kennen gelernt hatte. Dort traten wir durch eine Tür, "Rodolphos Privatgemächer" wurde mir ins Ohr geflüstert, und ich erhielt einen kräftigen Schlag in den Rücken, der mich auf die Knie zwang. Da sich auch mein Begleiter niederkniete und tief verbeugte, wußte ich, was von mir gefordert wurde.

Vor uns stand der Papst, der uns mit einem knappen Wink aufforderte, hinter seinem Schreibtisch Platz zu nehmen, er selbst setzte sich auf den Schreibtischstuhl und sah mich schweigend an. Seine Augen durchbohrten mich, ich versank immer tiefer in meinem Stuhl, meine Kopfhaut kribbelte, als wenn tausend Ameisen auf ihr herumliefen, und noch immer herrschte tiefstes Schweigen. Als ich meinte, es kaum noch aushalten zu können, begann der Papst seinen Vortrag. Doch was an mein Ohr drang, war nicht die gewohnt volltönende Stimme Rodolphos, es war eher ein zwischen sich kaum bewegenden Lippen hervorgepreßtes Zischen.

"Was bildest du dir eigentlich ein, Bürschen, was glaubst du, was du hier machst? Ich werde niemals zulassen, daß die heilige römische Kirche der Lächerlichtkeit preisgegeben wird durch einen ungebildeten Bauernbengel aus dem Harz!"

Er hielt mir einen längeren Vortrag, in dessen Verlauf er verschiedenste Bezeichnungen für mich gebrauchte, Wurm, Falschspieler und Betrüger waren noch die harmlosesten. Er machte klar, daß jemand wie ich für einen hohen Posten in der Kirche, gar als Papst, völlig untragbar sei, auch wenn ich aus meiner Runde als Sieger hervorgegangen sei und den Sprung an den Papsttisch geschafft hätte. Gerade in Zeiten, in denen ein gewisser Herr Luther der Kirche schon genug Ärger mache, habe ein Lümmel aus Norddeutschland hier wahrlich nichts verloren. Selbstredend wolle er, Rodolpho, weiterhin regelgerecht Papst sein, er werde dieses Turnier für sich entscheiden, und ich dürfe weiterhin mitspielen, aber nur inoffiziell. In der Öffentlichkeit werde man verkünden, ich sei nur noch als hochgeschätzter Beobachter anwesend. Dieses kleine Arrangement werde selbstverständlich in diesen vier Wänden bleiben, sollte ich mich dagegen entscheiden oder öffentlich davon berichten, wäre es der heiligen Inquisition ein Vergnügen, sich um mich zu kümmern und mir ihre derzeitigen Möglichkeiten und Errungenschaft auf dem Gebiet von Folter, Mord und Totschlag näher zu bringen. Dieses freundliche Angebot gelte selbstverständlich auch für den Herren Oberschiedsrichter und alle anderen, weiterhin am Spiel Beteiligten. Im übrigen wären wir doch alle am Wohlergehen der Kirche interessiert, außerdem sei die Privataudienz, die er uns soeben gewährt habe, hiermit beendet, und wir mögen uns schleunigst hinfort heben, er müsse noch ein wenig die Kirche regieren und habe keine Zeit für nutzlose Diskussionen.

Das war klar und deutlich, wir wußten, woran wir waren, und dir liebem Leser wird nun klar sein, warum ich so lange gezögert habe, von den Ereignissen meines frühen Lebens zu erzählen. Ich hatte in der Tat keine Lust, in irgendeinem Verließ der Inquisition zu verschimmeln. Ich hoffe, daß mit Beginn des dritten nachchristlichen Jahrtausend der Arm der Inquisition so kurz geworden ist, daß ich auch weiterhin, ohne mich immerzu umdrehen zu müssen, in die Stadt gehen kann. Sollte ich aber dereinst aus unerklärlichen Gründen plötzlich vom Erdboden verschwinden, wißt ihr, wo ihr nach mir suchen müßt. Oder fragt einfach den Papst.

Leicht geknickt saß ich mit Steffen abends in unserer Zelle. Ich hatte ihm, päpstliches Verbot hin, päpstliches Verbot her, natürlich die ganze Geschichte erzählt, während er mir berichtete, daß während meiner Abwesendheit in der Sixtinischen Kapelle die anderen Spieler meiner Runde ihre Ernennungsurkunden erhalten und hocherfreut an den weiteren Feierlichkeiten teilgenommen hätten. Lediglich Xavier hätte sich nach mir erkundigt und sei an meinen weiteren Erlebnissen interessiert. Wenn ich wolle, könne ich ihn die nächsten 10 Tage im römischen Kloster eines spanischen Ordens antreffen, er würde sich über meinen Besuch sehr freuen. Steffen hatte eine Wegbeschreibung bekommen und beschlossen, wenn alles überstanden sei, von dieser netten Einladung Gebrauch zu machen.

Mein vermeintliches Ausscheiden aus dem Turnier wurde am folgenden Morgen beim Frühstück in großer Runde diskutiert, allgmein wurde ich aber beglückwünscht, überhaupt so weit gekommen zu sein. Und daß ich als Beobachter des Endspiels am Spielort verbleiben dürfe, sei eine Sensation, noch nie sei ein ausgeschiedener Spieler als Beobachter zugezogen worden. Nachdem ich noch ein paar Autogramme auf abgegriffene Pergamentfetzen, alte Steintafeln u.a. gegeben hatte, niemals zuvor war ein Mönch aus dem Kloster, das uns aufgenommen hatte, so erfolgreich im Mau-Mau gewesen, machten Steffen und ich uns auf den Weg in die Sixtinische Kapelle. Meine Mitspieler waren ein grimmig dreinblickender Abt, drei Kardinäle und natürlich Rodolpho. Jeder hatte seinen Sekundanten dabei, und der Oberschiedsrichter war als Spielleiter anwesend. Die Türen in die Nebengelasse waren fest verschlossen, und direkt nachdem ich mit Steffen an einer größeren Gruppe schweizer Gardisten vorbei eingetreten war, wurde das Hauptportal geschlossen. Man hörte, wie ein schwerer Balken vorgelegt wurde, und wir waren allein. Der Spielleiter erläuterte, daß das Endspiel bis zum klaren Sieg eines Spieler fortgesetzt werden würde, egal wie lange es dauere. Bis dahin sei ein Verlassen des Spielortes für keinen der Beteiligten möglich. Die Wache hätte Anweisung, die Türen verschlossen zu halten, bis ein Zeichen die erfolgreiche Beendigung des Spiels und damit die Instalation eines neuen Papstes verkünde. Dies würde mittels des bereits vorbereiteten Kamins geschehen. In der Tat war in der Kaminecke eine erkleckliche Menge verschiedenen Brennmaterials aufgeschichtet. An jedem Abend würde der Kamin entflammt werden, die Färbung der Rauchfahne sei das Signal für die Außenwelt.

Hier saßen sie nun zusammen, die vermeintlich besten Mau-Mau Spieler der Welt. Dennoch passierte am ersten Tag am Spieltisch nichts wirklich Aufregendes. Alle versuchten lediglich, Fehler zu vermeiden. Am Abend nach Spielschluß wurde tatsächlich der Kamin entfacht. Und das, obwohl es eh schon total überhitzt war, denn nicht nur die Türen waren fest verschlossen, auch die Fenster durften nicht geöffnet werden. Die einzige Luftzu- und abfuhr fand über den Kamin statt, aber natürlich nur, wenn er nicht beheizt wurde.

Nach einer unruhigen Nacht auf dem Steinboden der Sixtinischen Kapelle und einem frugalen Morgenmahl ging das Spiel ohne Pausen weiter. Von Stunde zu Stunde fühlte ich mich mehr getrieben, auch meine Mitspieler schienen es so zu empfinden, die Spielzüge wurden hektischer, gewagter. Wie in einem rasenden Strudel tauchten wir in das Spiel, und die Zeit begann zu verschwimmen. Auch in der folgenden Nacht war das Spiel unterbrochen und ich ruhte ein wenig, doch in meinem Kopf kreisten die Karten, und am Morgen ging es nahtlos weiter.

Wie viele Tage wir letztendlich gespielt hatten, kann ich heute nicht mehr sicher sagen, es mag wohl eine Woche gewesen sein. Am siebten oder achten Morgen erwachte ich völlig desorientiert, die sonst üblichen Geräusche meiner Mitspieler in der Kapelle waren verstummt, dafür drangen Jubelschreie einer größeren Menschenmenge durchs Mauerwerk.

Als ich mich umblickte, sah ich lediglich Rodolpho am Spieltisch, alle anderen waren verschwunden, auch vom Spielleiter oder Steffen keine Spur.

Mit zerzaustem Haar, auf die Hände gestützt, starrte er auf die Karten. Als ich mich zu ihm gesellte, traft mich sein irrer Blick aus rotgeränderten Augen. Wie eine Schlange ihr Gift, so spuckte er mir eine Haßtirade entgegen: Er, Rodolopho, werde mich zertreten wie eine Kakerlake, er werde für alle Zeiten als wahrhaft größter Papst in die Geschichte eingehen. Zudem habe er bereits seinen überwältigenden Sieg und die totale Vernichtung aller Gegner bekannt geben lassen. Er sei weiterhin der einzig rechtmäßige Kirchenführer, und dieses Spiel, nur zwischen ihm und mir, ohne Schiedsrichter, Adjudanten oder ähnliches Geschmeiß, diene dem Vollzug meiner Vernichtung und der Herstellung absoluter Rechtmäßigkeit seines Papsttums.

Warum ich mich damals nicht einfach umgedreht habe und gegangen bin, weiß ich bis heute nicht, es wäre klug gewesen. Welcher Teufel auch immer mich geritten haben mag, ich nahm ihm gegenüber Platz, nahm die Karten, mischte und begann wortlos auszuteilen. Rodolpho war so in seinem Haß gefangen, daß er kaum einen sinnvollen Spielzug zu Stande brachte, er war kein wirklich Gegner mehr, ihn zu besiegen war nicht schwieriger, als einen 5-jährigen Anfänger im Mau-Mau vorzuführen. Nach kurzer Zeit war mein schaler Triumph vollkommen.

Ich packte die Karten zusammen, steckte das Spiel in meine Tasche, zumindest ein Andenken wollte ich doch mit in die Heimat nehmen, und verließ ohne ein weiteres Wort den reglos vor sich hinstarrenden Rodopho.

Er schien in den letzten Stunden um Jahre gealtert und nahm seine Umgebung nicht mehr bewußt war. Ich habe ihn nie wieder gesehen, er war nach dem Turnier noch einige Jahre als Papst tätig, man munkelte aber, daß ihm der gewohnte Schwung und die alte Kraft abhanden gekommen seien und er häufig wie ein Schatten seines früheren Selbst durch den Petersdom irren würde, wirres Zeug vor sich hinflüsternd.

Steffen und ich verbrachten noch ein paar Tage in Rom, unsere Stimmung war allerdings recht gedrückt, und wir vermieden jedes Gespräch über das Turnier. Selbst der Besuch des römischen Nudelmuseums mit seiner beeindruckenden Sonderschau zum Thema Makkaronibohrer konnte mich nicht aufheitern. Lediglich der versprochene Besuch bei Xavier hellte meine Stimmung ein wenig auf. Um offizielle Gebäude der römischen Kirche einen großen Bogen machend begaben wir uns zu Fuß auf den Rückweg nach Norden.

Nach einer gänzlich ereignislosen Reise erreichten wir München, wo wir in dem uns gut bekannten Gasthof eine Bleibe fanden. Abends bei einem Bier in der Gaststube eröffnete mir Steffen, daß es Zeit für ihn sei, nach Hildesheim zurückzukehren, am nächsten Tag ginge ein Pferdewagen in diese Richtung, den er wohl gerne nehmen würde. Bis tief in die Nacht saßen wir beieinander, sprachen über unsere Erlebnisse und schworen uns ewige Freundschaft. Beim ersten Tageslicht verschwand Steffen in Richtung Abfahrtsplatz, ich schleppte mich, nach dem Bier nicht mehr allzu sicher auf den Beinen, in mein Zimmer, warf mich auf das Bett und fiel in einen langen, traumlosen Schlaf.

Am folgenden Nachmittag erschien ich erfrischt in der Gaststube, um mir ein spätes Frühstück zu genehmigen. Als ich gerade den ersten Bissen in den Mund schieben wollte, wurde der Stuhl neben mir weggerückt und Platz nahm – die Hexe aus Rom. Mir fiel die Gabel aus der Hand, das Stück Brot aus dem Mund, und mit vor Staunen aufgerissenen Augen glotze ich sie an. Bitte, bitte nicht schon wieder neuer Streß mit Hexen, dachte ich bei mir, ich hatte von Abenteuern im Augenblick die Schnauze gestrichen voll und wollte nur noch meine Ruhe haben. Aber mein Groll verflog so schnell, wie er gekommen war, als ich ihr in die Augen blickte. Und ich erinnerte mich an das Gefühl der Zuversicht, das ich in ihrem kleinen Zelt in Rom empfunden hatte.

Sollte dies die Begegnung sein, die sie mir prophezeit hatte? Ja, geneigter Leser, das war die Begegnung. Über die folgende Zeit in München möchte ich den Mantel des Schweigens hüllen, nur soviel: Die Oberhexe hatte mir vollends verziehen, als sich herumgesprochen hatte, daß Rodolpho ordentlich einen auf die Mütze bekommen hatte. Woher die das wußten, ist mir nicht recht klar, scheinbar hatte die vereinigte Harzer Hexenschaft gute Kontakte zum Vatikan und war über alle Ereignisse bestens informiert.

Gemeinsam kehrten wir nach Norddeutschland zurück und besuchten all die Lieben, die ich zurückgelassen hatte. Das Wiedersehen mit meinem alten Lehrmeister war sehr traurig, wir trafen ihn auf den Sterbebett an, und nachdem ich die Nacht bei ihm gewacht hatte und er all meine Erlebnisse gehört hatte, ging er in Frieden.

Sehr viel fröhlicher war die Einkehr in das Gasthaus im Bremischen, es gab ein riesiges Hallo und wir feierten eine richtig wilde Party, wie sie nur Enten organisieren können.

Wie groß war die Freude, als ich meine geliebten Eltern in die Arme schloß, und auch zum Meister führte uns unser Weg, wo wir eine größere Weile verbrachten, um über unsere Zukunft nachzudenken.

Schluß

Ja lieber Leser, das war's, du hast viele wunderliche Dinge erfahren und mich durch die wohl aufregendste Zeit meines Lebens begleitet. Aber eine Frage wird dich umtreiben: Wo waren denn nun die Drachen und Ungeheuer, denen dein Held auf einem weißen Pferd entgegenreitet, um Jungfrauen zu erretten und ähnlich merkwürdige Dinge zu tun, die in jener Zeit so üblich waren. Ich hoffe, du bist nicht allzusehr enttäuscht, ja, ich gebe es zu, mit dem Umschlagbild habe ich eventuell einen etwas falschen Eindruck erweckt, aber mein Verleger hat mir dringlichst angeraten, einen fetzigen Einband zu entwerfen, frei nach dem Motto: Action, Monster, weiße Pferde, das kommt immer an und weckt erstmal Interesse an dem Buch.

Es wird dann wohl ein weiteres Buch geschrieben werden müssen, in dem ich über meine Erfahrungen mit Drachen und Jungfrauen berichten kann. Auch meine Erlebnisse bei den Wikingern, wie wir gemeinsam Norderney erobert und vom Joch andalusischer Kleinbauern befreit haben und ich dann auch noch König von Wuppertal geworden bin, hätten den Umfang dieses Buches bei weitem gesprengt. Bis es zu einem zweiten Buch kommt, wird aber gewiß viel, viel Zeit ins Land gehen, und wenn du, lieber Leser, zu den Menschen gehörst, bei denen trotz Glotze und PC der Trend zum Lesen ungebrochen ist, im Folgenden meine persönliche Top Ten der besten Bücher.

Platz 1 teilen sich Bulgakow "Der Meister und Margarita", das Buch habe ich 15-jährig von meiner Tante Else aus Berlin geschenkt bekommen und seither begleitet es mich durchs Leben, und Ian Banks "Das Spiel Azad". Wenn du Ian Banks liest, wirst du denken, ups, die Ideen kommt mir bekannt vor. Du hast Recht, hab ich ihm geklaut. Herr Banks möge mir verzeihen.

Die nächsten Bücher folgen keiner Rangordnung, sie sind so aufgeschrieben, wie sie mir in den Sinn kamen, bzw. wie sie in meinem Bücherregal stehen:

Schröter u.a.	„Taschenbuch der Chemie"
Hawking	„Eine kurze Geschichte der Zeit"
Janosch	„Oh wie schön ist Panama"
Adorno u.a.	„Kritik und Interpretation der kritischen Theorie"
Niemi	„Populärmusik aus Vitula"
Singh	„Fermats letzter Satz"
Tolkien	„Der Herr der Ringe"
Asimow	„Fundations Trilogie"
Adams	„Per Anhalter durch die Galaxis"
Sjöwall/Wahlöö	„Die Kommissar Beck Romane"
Hofstadter	„Gödel, Escher, Bach"
Terry Pratchett	„Die Scheibenwelt Romane"
Eschbach	„Die Haarteppichknüpfer"

Und wieder wirst du denken, da stimmt doch was nicht. Richtig, aus meiner Top Ten ist irgenwie eine Top Fifteen geworden, aber ich hab´s nicht übers Herz gebracht, ein Buch aus der Liste zu streichen. Sie sind alle supertoll, und man muß sie einfach gelesen haben. Ich habe sie alle mehrfach gelesen, die Nummer- 1-Bücher sicher 10 mal.

Viel Spaß beim Lesen, Papa.